湖南骡子

马东玉／著

ZUO
ZONGTANG

左宗棠

团结出版社

©团结出版社，2010年

图书在版编目（CIP）数据

湖南骡子——左宗棠 / 马东玉著. -- 北京：团结出版社，2010.10（2025.8重印）
ISBN 978-7-5126-0173-4

Ⅰ.①湖… Ⅱ.①马… Ⅲ.①左宗棠（1812～1885）－生平事迹 Ⅳ.①K827=52

中国版本图书馆CIP数据核字(2010)第131121号

责任编辑：张　阳
封面设计：阳洪燕

出　　版：团结出版社
　　　　　（北京市东城区东皇城根南街84号　邮编：100006）
电　　话：（010）65228880　65244790（出版社）
　　　　　（010）65238766　85113874　65133603（发行部）
　　　　　（010）65133603（邮购）
网　　址：http://www.tjpress.com
电子邮箱：zb65244790@vip.163.com
经　　销：全国新华书店
印　　装：三河市东方印刷有限公司

开　　本：170mm×240mm　　16开
印　　张：13.5　　　　　　　字　　数：190千字
版　　次：2010年10月 第1版　印　　次：2025年8月 第2次印刷

书　　号：978-7-5126-0173-4
定　　价：48.00元
　　　　　（版权所属，盗版必究）

前 言

左宗棠的曾孙写的《左宗棠传》，称左氏为"湖南骡子"。这个称号乍一看有些不雅，但综观左氏一生最闪光的部分，即对待俄英等国的疯狂进犯，对待清廷上下的腐败之风，他不顾一切，包括不异身家性命，坚韧不拔地争斗。那种拼命三郎的姿态，不用"骡子"去比拟，一时也真难找出更好的来。

从地方史专家的研究来看，一个民族或地区，人群性格尽管千差万别，但却又有各自不同的突出特点。"北极熊"表示某国人的强壮；"小鬼子"表示某民族的精灵；"苍鹰烈马"表示蒙古人的彪悍；"东北汉子"表示东北人的憨直……

"湖南骡子"呢，则表示湖南人的倔强。

左宗棠便是湖南人这种性格的典型。

青山不改，本性难移。左宗棠正是用他无比坚韧倔强的性格，写出了一页页反侵略、反腐败的历史篇章。今天我们仍然书写左宗棠，就是让这种倔犟的性格成为中华民族的魂魄，用这种不屈不挠的精神，战胜一切困难，建设我们美好的家园。

作者于大连

目 录

一 "身无半亩,心忧天下":青年志向及科举生涯……………………………1

二 "最能读三坟五典,八索九丘":经世致用的学问……………………………11

三 "大江流日夜,八州子弟翘首公归":与两江总督陶澍的机缘……………………20

四 "长为农夫以没世":辰山与柳庄的生活……………………………25

五 "经济南阳一卧龙":自比武侯,纵是三顾不出山……………………………31

六 "处宾师之位,运帷幄之谋":入张亮基幕府……………………………37

七 "左都御史":六年骆秉章幕僚……………………………47

八 "国家不可一日无湖南,而湖南不可一日无左宗棠":遭到构陷,
因祸得福……………………………57

九 "得尺则尺,得寸则寸":在江西的战斗……………………………66

十 "鼎之轻重,似可问焉":咸同帝位交替时的行为秘录……………………………74

十一 "客日强而主日弱,终恐非计":对"借师助剿"的态度……………………………83

十二 "功绩与前敌将领无殊":得胡雪岩襄助……………………………91

十三 "君子之所争者国事":犟脾气开罪朋友加恩人……………………………100

十四 "仿制轮船,庶为海疆长久之计":创设福州船政局……………………………111

十五 "国家不可无陕甘":受命西征……………………………118

十六 "不论汉回,只辨良匪":平定陕甘回乱……………………………126

十七 "东则海防,西则塞防,二者并重":左李海塞之争……………………………134

十八 入疆前的几片剪影……………………………143

十九 攻克乌鲁木齐各城，北疆收复..................................154
二十 克复达坂、吐鲁番、托克逊三城，打开南疆门户..................162
二十一 克复南疆..................................168
二十二 "舁榇以行"：为收复伊犁而争斗..................................174
二十三 "引得春风度玉关"：对西北的开发建设..................................181
二十四 尴尬的军机大臣..................................188
二十五 总督两江：躬亲农田水利..................................194
二十六 甲申不败而败，左帅痛心而逝..................................199

一 "身无半亩，心忧天下"：青年志向及科举生涯

左宗棠生于嘉庆十七年（1812年）十月初六，原籍湖南湘阴东乡左家塅。中国古代标榜"文物大邦"，地名起得也让人难懂，塅字表示一大块平川，也有平静、祥和，像桃花源一般的意思。因为宋朝时蒙古南侵，左氏祖先便从江西仓皇迁来，找一块山中的平地安家，起了个有祥和意义的古怪名字，在这里一住便是几百年。

因左氏乃避难之族，只知耕读，无论魏晋。左宗棠出世前，亦未计来此几世。这个幼小生命来到左家，是第十口之数。祖父左人锦，号松野，年近八旬，是个老秀才。父亲观澜，字晏臣，号春航，此时是县学禀生，也算是个准秀才。母亲余氏，已生有二子三女，加上祖母，已是九口之家。

天黑后婴儿降生，父子俩秀才几经商量，顺着宗字辈，为此儿取名宗棠，长子宗棫、次子宗植，都是树木，乃成人成林之意也。三子降生，按孟、叔、季排列，顺便为他取字季高。

母亲余氏生下三子三女，年近四十，家中仅一迈薄田，已难有奶水，只得熬米汁喂养此子。米汁营养不足，此子胃口极好，总是吃不饱。饿了就大哭不止，声震茅屋，弄得全家人坐卧不宁。爷爷哭笑不得，总是念叨："臭小子，脾气这般大！"此子仍是大哭求食。米汤吃多了，弄成个大肚皮；大哭大闹，把肚脐弄得凸出。这成就了左宗棠体态上的一大特点。

此子能吃能闹，健壮地活了下来。四岁时，父亲外出教书挣取养家费，祖父留家教子读书，宗棠也开始随读。

宗棠随祖父读了一年，因祖父年迈，乃由父亲带往长沙。又过一年，祖父祖母过世，左观澜把全家迁来长沙，那年是嘉庆二十一年（1816年）。

左观澜在长沙城租房办私塾，左氏兄弟皆读书其中。宗棠进长沙时，年方五岁（虚岁），大哥十七岁，二哥十三岁。在这个"班集体"里，四周岁的左宗棠还不能算是正式生，他只能由父亲馐"小灶"，单独教他背诵《论语》《孟子》。而哥哥们已在听"讲"，准备科考的论文了。

宗棠确实聪颖，对父亲布置的背书课，他很快便完成，然后便溜进哥哥们的课堂听"讲"。一次，父亲辅导两位兄长演读《井上有李》这篇古文，当兄长们读到"昔之勇士亡于二桃，今之廉士生于二李"时，父亲发问："二桃的典故出自何处？"

哥哥们尚在沉思，站在一旁的左宗棠响亮回答："古诗《梁父吟》上说：'一朝被谗言，二桃杀三士'。这还用得着多想吗！"

大家听了都很惊异，一个四五岁的小孩，实难回答出的。显然，这是他随堂听课，哥哥们研读的诗文，被他记下；或者是他自己翻读古诗，记下了这个诗文典故。总之，都不简单啊。

大家对他一阵夸奖，一旁的母亲听后便插言："将来，老三怕是有封侯的希望啊！"四十年后，二哥宗植为弟弟写了一首诗，其中有语："青毡长物付诸儿，燕颔封侯望予季。"此是回忆四十年前，祖父和父亲家贫，没有珍贵的东西留给诸儿，但对子孙们寄予厚望，尤其把封侯的期望寄托在老三季高身上。前句出自《晋书》，指读书之家的贫寒；后句出自《后汉书》①。"燕颔虎颈"，形容相貌威武，此指左季高的威猛之相，应对了《班超传》所讲的燕颔虎颈，"万里侯相"。

大家的赞扬，母亲对他"封侯"的期望，鼓舞着幼年的左宗棠。因为他是聪颖的老三，家里人都宠着他，使他自幼养成目空一切的性格，自高自大，自认为天下事没有他做不成的，总是夸大、狂傲、偏激、莽撞、不拘

---

① 《后汉书·班超传》："生燕颔虎颈，飞而食肉，此万里侯相也。"

小节。

他思维敏捷，但却粗疏、浮浅，文章写得别出心裁，也有警句，但错漏不少，甚或多有不通和错字。但他自己却认为比别人写的好，每成一文便自吹自擂，到处向同窗夸示。大家知他脾气坏，也不敢惹他，只能掩口哂之。

左宗棠科途不畅，终生只是个举人，和他文风粗疏有关。誉之者为他找了各种原因，都不好掩饰，要说他有特殊思想和警语是对的，但科举也有它的要求，粗疏的文章是难被录取的。现在，取来鼎甲的文稿，读起来确很美；而如洪秀全，多次考秀才不得中，不用说文章，就连他写的字也很糟，怕是他考一万次也难中的。

评价古人确应客观，过誉了，离开客观标准，读者会连同作者一起笑话的。

当时的左宗棠自己不服气，但真到封侯的年龄了，读读当年的文稿，自己也觉得好笑。

道光三年（1823年），大哥宗棫不幸去世，只活到二十五岁。大儿子的死直接打击了母亲，送走了儿子也便病倒，父亲为母亲治病花光了积蓄，又四处借贷。医治几年无效，母亲于道光七年终于撒手人寰，家里又要筹办丧事。把余氏送进祖茔后，左家已家徒四壁。丧子丧妻、生活熬煎，左观澜在两年后，便随妻儿归西了。

道光十年（1830年），正月尚未过去，左宗棠一家已不再是老小十口的大家庭了。那时，姐姐们出嫁，父母亡故，家中只余宗植、宗棠兄弟二人和一个寡嫂。此时的家中田产早已在办丧事和医病中荡尽，兄弟二人只得靠授徒维持生计，哥哥去了很多远处的城镇，宗棠为照顾嫂子，在长沙等近处谋生。

那时日可真够艰难的。"身无半亩"一点也不夸张。

左宗棠参加科举考试从十五岁开始，那年是道光六年，他参加了湘阴县试，是最初的童子试，录取者只是获取参加府一级考试的资格。初级考试，他的成绩很好。第二年阴历五月参加府一级的考试，要考好几场，最后合格者才算秀才。左宗棠的秀才初试成绩合格，但十月复试，他因母亲病重，没有参加。所以，他并没有取得秀才的资格。

事实很清楚，左宗棠十六岁那年参加秀才考试，这一年因母亲去世，他没能取得秀才功名。随后三年不许参加科考，所以他一生也不曾是秀才。说他由秀才而举人，"少年早捷"的说法没有历史根据。三年守孝不许考试，而他十九岁时父亲又去世，还要再守孝，直到二十多岁花钱买了个秀才资格，才参加举人考试。因此，左宗棠的科举道路很不顺，哪有"少年早捷"的史实呢！

直到道光十二年（1832年），为父亲的守孝勉强满了三个年头。二十多岁了，再去考秀才，不知要到何年才能考举人，左宗棠如热锅之蚁。他知道拿钱可以买个资格，但当时穷得叮当响，哪有上百两的银子买文凭。

论时论势那次举人考试他必须参加。于是，他求亲告友，终于凑到一百零八两银子，买了个秀才资格，即"纳资为监生"，这才得以参加道光十二年的长沙乡试。爱惜左氏的作者，行文至此总想回避。但史实如此，既无法回避，也无须回避，买文凭也不算太丢人，在当时有捐纳的规定，也不犯法。

左宗棠拿钱买文凭，许多史料上都有记载，实事求是的作者也不予回护。如秦翰才老先生著《左文襄公在西北》，就明言"他在二十岁上，捐了一个监生，和他大哥参加本省乡试，便同榜中了举人"。[1]左宗棠的曾孙左景伊为曾祖父写传，也明言："纳资为监生，应本省乡试。"[2]左宗棠很重视读书取得真学问，但没有功名又难有晋身之阶，甚至难有生存之计，更无大志可言。所以他曾说："读书非为科名计，然非科名不能自养，则其为科名而读书，亦人情也。"[3]他毕竟是个不拘小节之人，有什么话也敢说，要达到的目标就想法去实现。所以，凑钱买文凭，取得举人的考试资格，他也

---

[1] 秦翰才：《左文襄公在西北》，第20页，岳麓书社1984年。
[2] 左景伊：《左宗棠传》，第546页，华夏出版社1997年。
[3] 《左宗棠全集·诗文·家书》，第4页，岳麓书社，总第13册。

不认为是丑事。

买来入试资格，左宗棠参加了长沙省城的恩科乡试。此次他考取了举人，幸亏得逢道光帝五十大寿之年的"恩科"。

这次乡试共分三场。阴历八月初九第一场，三篇论说文，一篇韵文，考一整天。八月十一日开始第二场，两天答五个《五经》内容的论题。八月十四日开始第三场，也是五个题，从《四书》中出题，四个论题，一篇韵文，时间定为三天，八月十六日交卷。

这次参加考试的考生约有五千人，考卷要在二十五天内全部批完，选出四十八名举人。

这次的考卷共有七万多篇论文和韵文，数量之大，需要很多考官批阅。主考只有一人，叫徐法绩，嘉庆朝的进士，做过御史，喜爱实文，有《东河要略》专著。主考之外的批卷官员称同考官。

考生的卷子都是密封的，想作弊也难。左宗棠的卷子落到胡鉴手中，他是翰林院的编修，学问比主考官还大，只是资历浅于主考官。

卷子全部批完后，左宗棠名落孙山，胡鉴给他的考卷批了个"欠通顺"。文章被否定，最严重者是文理不通，"不通"就是根本否定。而科举试文，不能批"不通"，那太不给面子，而以"欠通"批之。

但是，在发榜之前，道光下旨，增加了六名举人。

这六个名额仍然从五千多份未被录取的卷中选拔。在复审"遗卷"时，胡鉴突然得急病死去，左宗棠的卷子由另一名同考官重审，这位同考官仍然不选他的卷子。

这次复审，显然不如初审严格，是有隙可乘的。最后，由主考选出了左宗棠，据说是他看好左氏的《选士厉兵，简练杰俊，专在有功》一文。当时争论很大，新任湖南巡抚吴荣光在座，他命令打开封糊，见是左宗棠的卷子，而左宗棠是吴荣光在长沙城南书院教出的学生，左氏的成绩一直不错，颇受巡抚的赞赏。既然主考和巡抚同意录取，别人再无多言。

这次乡试，左宗棠被录为第十八名，二兄左宗植高中榜首"解元"。

左宗棠被录取，险而又险。如不是恩科，不是胡鉴突然死亡，不是吴荣光在座，他是无缘登榜的。

即使被录取，其卷子的总批也是"尚通顺"。试后，左宗棠把底稿给老师贺熙龄批阅，贺的批语是："文虽佳，惜不中程式"。①从中可以看得出，左宗棠的文章写的是经世致用的实学，这是贺熙龄教出来的，也正好合乎主考徐法绩的口味。这样的文章应该受到重视，但也不能如近作吹嘘的那样，是"写得好过了头"，"考官多半死脑筋，专门扼杀佳作"，等等。

左宗棠乡试后没有等到发榜，就于当年八月与湘潭周诒端结婚。他是入赘到周家的。

旧社会男子入赘是很丢人的，都是因为男家娶不起夫人，而女家又无男丁，才要坐山招夫以传宗接代。男的入赘女家，多要改为女姓，生子生女也随女姓。

周氏字筠心，与左宗棠同年出生。岳父周衡是大财主，生有长女诒端、次女诒蘩。周家也是书香门第，筠心（诒端字）有《饰性斋遗稿》，集诗一百三十九首；茹馨（诒蘩字）有《静一斋诗草》，集诗三百八十一首。

周府名"桂在棠"，左宗棠当时贫无立锥之地，又借贷买文凭，家中积了债台，他入赘周家确属无奈。

左宗棠在周府白住白吃，还要周家替他还债务，尽管夫人贤德，不嫌他穷，但久而久之，便有了闲言碎语。时有顺口溜："桂在堂，讨个郎，呷掉一仓谷，睡烂一张床。"左宗棠对此感到羞耻，曾说"余居妇家，耻不能自食"，并写诗云："九年寄眷住湘潭，庑下栖迟赘客惭。"②

为了改变自身地位，左宗棠又三次赴京参加会试，但皆未成功。

首次入京是道光十三年（1833年）正月，由周夫人赞助一百两银子作为盘费，他与二哥一同进京。三场考罢，不久榜发，无名落第。

---

① 左景伊：《左宗棠传》，第21页。
② 《左宗棠全集·诗文》，第458页。

这次会试虽未中，但他目睹了清廷上层的腐败和一路上百姓"炊烟长断"的痛苦，并拜访了一些影响他一生的师友，使他有了一定的人生目标。

道光十五年，他二度赴京会试。这次他几乎被录取，同考官温葆深极力推荐他的卷子，主考也认为"立言有体"，准备以第十五名取中。但终因湖南取中名额超过，而湖北未满额，便撤销了他的试卷，补给了湖北。

道光十八年，他三度赶考。此次又未中榜，而同去的曾国藩录上黄榜，他很不服气。他三次会试，历时九个春秋，全部落空。此后，并非如多数著述所说的"绝意科场"，他实则对自己的举人出身耿耿于怀，一直想考得进士。做幕僚时，曾多次打算参加会试，皆因军务急迫而未能脱身。咸丰十年，他都五十岁了，还自长沙启程赴京会试，走到了湖北襄樊，因故中途而回。晚年，他仍要放下总督的工作，入京会试，慈禧只好特封"大学士"，赏他"同进士出身"，不知那时的老左是何感想。

第三次入京时，途经洞庭湖，目睹涛涛湖水，参观柳毅的洞庭君祠，写下《题洞庭君祠》楹联：

迢遥旅路三千，我原过客；
管领重湖八百，君亦书生。①

多大的气派：管领八百里洞庭的柳毅，原本也是个书生；有何事业是我左宗棠做不来的！

三次落第，左宗棠却博取了比中进士还要高的声名。尤其是他首次入京，拜问师友，目睹朝野，写了有名的《燕台杂感》②八首律诗，传扬开去，在士林中有了很大影响，也表达了他非凡的志向。

《燕台杂感》八诗，每首都表达了他的志向，如将他的诗合为一篇散

---

① 罗正钧：《左宗棠年谱》，第 15 页。岳麓书社 1982 年重印。
② 《燕台杂感》，见《左宗棠全集·诗文》，第 456–457 页。

文，应是一篇言志的好文章。

其一曰：

> 世事悠悠袖手看，谁将儒术策治安？
> 国无苛政贫犹赖，民有饥心抚亦难。
> 天下军储劳圣虑，升平弦管集诸官。
> 青衫不解谈时务，漫卷诗书一浩叹。

此诗的意思很明白，是一首带有讥讽国之当政意味的七律。其中的一联最中肯，是说国家政治清明了，平民百姓都会拥护；而要是相反了怎么抚慰欺骗，人民也不会听你的。

其二曰：

> 纥烈全全功亦巨，李悝策魏术非疏。
> 公孤自有匡时略，灾异仍来告籴书。
> 不惜输金筹拜爵，初闻宣檄问仓储。
> 庙堂衮衮群公在，休道功名重补苴。

诗中叙述李悝为魏文侯献《平籴疏》①，被魏文侯用作相的历史故事。李悝变法，使魏国富强。其中隐含作者输金求取功名，但不被国家重视，庙堂上的百官，多目光短浅者也。

其三曰：

> 西域环兵不计年，当时立国重开边。
> 橐驼万里输官稻，沙碛千秋此石田。

---

① 李悝献疏事见《汉书·食货志》。

> 置省尚烦他日策，兴屯宁费度支钱？
> 将军莫更纾愁眼，生计中原亦可怜。

左宗棠平日研究西域问题，尤其是看了龚自珍的《西域置行省议》，在京师又拜访了研究西北问题的徐松，徐将自己的《西域水道记》赠予，才有了关于西域置省的诗作。五十年后他真的去治理新疆了。

其六曰：

> 青青柳色弄春晖，花满长安昼掩扉。
> 答第不堪宜落此，壮游虽美未如归。
> 故园芳草无来信，横海戈船有是非。
> 报国空惭书剑在，一时乡思入朝饥。

此首诗与第四首意义相近（其他四首此不赘引），大约是他在京师的师友中闻知嘉庆朝以降，英国侵略者大力推行对华侵略政策，贩卖鸦片，派兵登陆澳门，派船侵扰厦门、福州、宁波等东南沿海重镇，估计中国与英国将有 战。故诗中警告当局"横海戈船有是非"，应加强国防，届时或许也是他书剑报国立功之秋。

左宗棠的科考之路如此坎坷，十余年间从买文凭到三次进京，钱财花了数百两，虽周家有钱，但这可不是小数目，结果却是毫无收获。

这十余年，光生了四个女儿，落榜回归依然寄人篱下。

他是多么沮丧！

他的《杂感》诗，无不含有沮丧、失意之情。不像近作评论的那般洒脱自如，为左宗棠的失败处境想想，真如俗语云，站着说话不腰疼啊。

落榜归来，他写了一副对子①：

---

① 《左宗棠全集》，第13册，第470页。

> 身无半亩，心忧天下；
> 读破万卷，神交古人。

近作对左氏的这副联语评判甚高，以为是他终生忧国忧民的座右铭和立志做优秀传统文化的忠实继承者。

左宗棠成名后回头看了自己这副对联，也感到"惭赧"，告诫子弟们"不可学老夫之狂"①。

若为左宗棠当时的处境想：四个孩子的父亲了，花费数百两银子，一败涂地而归，哪有身无立锥之地，尚能心忧天下的思想境界。

因此，我们评价左宗棠的青年志向，既不要苛求于他，又不能过高评价。

左宗棠其人，他关心国家大事可以肯定，他不是蝇营狗苟的小人物，他有大志向。但是，他考功名、做事业，为自己谋出路的思想是显而易见的，若只是忧国忧民，他不会借百多两银子买文凭。

此人之志，可以是陈胜、吴广；可以是曹操、王莽；可以是孔明、周瑜。他不是个忠于朝廷的贤良之辈，只要有机可乘，他会成为上面的任何一类人。若给他大的机会，取代清王朝做皇帝的志向他也有。他做湖南巡抚的幕僚时，不把巡抚放在眼里，被讥为"左都御史"；一个无品无级的幕僚，因为总兵不向他请安，他便动粗骂人；咸同交替之时，他确有取上位而代之嫌疑等，后文当有叙述。

人的事业往往是形势造成的。因形势发展，左宗棠终于在镇压农民起义中，成了清廷的"中兴名臣"；在洋务运动中，成了领袖人物；在打击沙俄和平定西北战乱中，成了将军功臣。如此而已。

---

① 《左宗棠年谱》，第14页。

二 "最能读三坟五典，八索九丘"：经世致用的学问

左宗棠所学，一方面习科举时文，为取功名敲门之砖。另一方面，客观原因和师友影响，使他研读了许多实学，虽博取功名不成，终成就经世致用学问。

前文史实已充分说明，左宗棠自幼年至而立之年，一直致力于科举进阶的努力，主要精力自然是读科举时文。但是，在准备考试的漫长过程中，主要是客观原因和师友影响，他接触了社会深层实际，逐步致力于经世致用之学。

经世致用又叫通经致用，意思是读儒家经典要与实践与社会结合，达到"经世应务"。

其实，儒家的鼻祖孔夫子授徒，是很讲究实用的。他率领群弟子周游四方，一边学习，一边考察。他要求学生"身通六艺"，做经邦治国的实用人才，治国、治兵、经商、谈判等都要学会。

儒家经典也都是治国治人的好学问，国家取人用《四书》《五经》去衡量也不为错。但久而久之，先生们教学生只想教出举人、进士，而丢弃了儒学的精神。犹如当今的语文、数学、外语各科，本来为了实用，但学校和学生"苦跌打"，只想着升学率，把有用之学变成升学的敲门之砖，教出的学生"高分低能"。

儒学教人，要求"致良知"，即提高思想境界，也是很对的。但儒家后学，把提炼心性弄到玄虚的地步，宋明理学便是典型的只顾"内圣"修身，

严重脱离现实的儒学。宋明两代为异族所亡的深刻教训，使明清之际学风大变，顾炎武、黄宗羲、王夫之等，是经世致用的儒家先行者。但是，由于清朝的"文字狱"和承平日久，至乾嘉两朝，考据学派又把儒学的生命埋葬在无用的故纸堆中。

嘉道年间，社会危机日深，少数具有慧眼的知识分子，高扬经世致用的旗号，要求打破烦琐考据的藩篱，龚自珍是该学派兴起的领先人物，魏源、徐继畬、林则徐等皆步其后尘。

左宗棠研读实学，成为经世致用学者，有其机缘巧合。

道光九年，因其双亲病故，他在家居丧。闲来无事他去逛书店，偶见一本《读史方舆纪要》，翻一翻发现是一本史地笔记，记述了许多山川形势和战守机宜，作者是顾祖禹，此人是撰写《大明一统志》的顾柔谦之子。左宗棠对此书颇感兴趣，问了价钱，也并不高，便买了下来。携回翻读，朝夕"潜心玩索"，居然饶有兴致，还做了读书笔记。

兴趣是入学之门。读罢这一百三十卷本的《读史方舆纪要》，使他对此类"杂书"有了进一步探索的要求。不久又弄来顾炎武的《天下郡国利病书》和齐召南的《水道提纲》。这两部书都是地理书籍，前者名气更大，是介绍中国分省地理之作，后者是专门记述中国河道之作，左氏研读实学，实是从此开端。

当时，许多同窗嘲笑他读此闲书，但左宗棠读起来颇有心得，并加以研讨，笔记中记载他不同意魏源对《读史方舆纪要》的评论，而提出了自己的看法，认为很有道理[①]。

左宗棠致力于经世致用之学的另一个机缘，是当时大名鼎鼎的经世致用学者贺长龄的知遇。

贺氏是湖南长沙人，时任江苏布政使。他帮同江苏巡抚陶澍治理钱漕、海运，重视农桑、纺织和书院义学教育，在当时的政界、学界很有名望。尤

[①] 《左宗棠年谱》，第7、8页。

其是他与魏源一起编辑一百二十卷的《皇朝经世文编》，成了当时经世致用学派的领袖人物。

道光十年十月，贺长龄丁母忧回长沙居丧守制。左宗棠对这位长他快三十岁的前辈久已景仰之至，闻知贺氏居家后，他立即前往拜问。贺公对这位小老乡十分热情，谈论间对左氏颇为欣赏，据传"以国士见待"①，叮嘱他不要拘于读书做官，应做于国于民有用之才。闻知其爱读实学有用之书，但家中贫寒无钱买书，便嘱其尽管来取。每次借书时，贺公"必亲自梯楼取书，数数登降，不以为烦。还书时必问其所得，互相考订，孜孜龈龈，无稍倦厌"②。贺长龄以后一直记挂着左宗棠，六年后任贵州巡抚时，曾写信邀请左宗棠去做他的幕僚，因其他原因，左氏终未应邀。

贺长龄居丧期满回任之后，其弟贺熙龄则留在长沙，被长沙城南书院聘为主讲。贺熙龄也是湖南名士，翰林出身，时任湖北学政。学政是朝廷外放各省主持乡试、检查教育的临时性官员，俗称文宗。既是临时差遣，又在居丧期，地方官学需要，向朝廷打个报告没有不被批准的。

由贺长龄介绍，左宗棠高兴地做了贺熙龄的学生。此后，左宗棠只承认贺熙龄是他受教的唯一业师，自然父亲对他授教除外。

贺熙龄与兄长一般，也是位经世致用学者。他曾说："夫读书所以经世，而学不知要，瑰玮聪明之质，率多瘵败于词章训诂、襞积破碎之中，故明体达用之学，世少概见。"③

因此，左宗棠很敬重这位老师，贺熙龄也欣赏左氏，曾说："左子季高少从余游，观其卓然能自立，叩其学，则确然有所得；察其进退、言论，则循循然有规矩，而不敢有所放轶也。"④贺熙龄还写诗夸奖他⑤：

---

① 《左宗棠年谱》，第8页。
② 同上。
③ 贺熙龄：《寒香馆文钞》第2卷，第11页。
④ 《左宗棠年谱》，第8页、第19页。
⑤ 同上。

> 六朝花月毫端扫，万里江山眼底横；
> 开口能谈天下事，读书深抱古人情。

加注云："季高近弃词章，为有用之学，谈天下形势，了如指掌。"[1] 鼓励他钻研先贤之书，密切联系当今大势，走通经致用的道路。

左宗棠敬爱这位老师，言称受其教十年，实际上他仅受其教一年。此后，左氏总未与这位老师断联系，有了成绩必向其汇报，遇有苦闷总向老师叙说。在老师有生之年里，双方总有书信往还，至为亲密。

贺熙龄在长沙城城南书院任教九年，于道光二十年做过山东和四川道监察御史，因生眼疾，辞官仍回长沙任教。至道光二十六年病逝，年五十八岁。去世前左宗棠长子孝威出生，贺熙龄闻听非常高兴，向身边的同学说："这孩子该做我的女婿。"同学们便把老师的话告诉了左宗棠，左宗棠认为老师之命不可却，从此二人由师生变为亲家，关系更加亲密。婚事既定，当年贺熙龄辞世，左宗棠悲痛不已，为之写了一副挽联[2]：

> 宋儒学，汉人文，落落几知心，公自有书遗后世；
> 定王台，贾傅井，行行重回首，我从何处哭先生。

定王台在长沙城东，是贺长龄的居址；贾傅井在城南书院附近，左宗棠在此处受教于老师。联语追念故去的老师，回首往事，物是人非，感伤不已。

左宗棠也深受魏源影响。魏源的名著《海国图志》与徐继畬的《瀛环志略》，是当时两部影响极大的经世致用作品。中国的曾、左、李、张等洋务

---

[1] 《左宗棠年谱》，第8页、第19页。
[2] 《左宗棠全集》，第13册，第479页。

派，康、梁等维新派，孙中山等革命派，都从这两部著作汲取过思想营养。一般知识分子了解世界、了解地球，都是从这两部书开始。康有为自己说，他知道地球是圆的，是《瀛环志略》告诉的。日本人进行明治维新，这两部书是他们的最基础的重要教材。

左宗棠在很长时间内没读过《瀛环志略》，因为那时这本书被当作禁书，其思想性和知识的准确性远过《海国图志》。其中宣传的民主共和制度，自不能被清政府接受，而为孙中山等革命派追求。《海国图志》中的富国强兵、抵御外侮、学习西方科学技术等思想及做法，与左宗棠所读实学各书完全一致。该书及魏源的《圣武记》，左宗棠买不起，都是从贺熙龄处借阅。读罢他深有体会，对魏源也很敬重，称其"于地道兵形皎若列眉"，赞誉有加。可惜他未读《瀛环志略》，如果读之，其中对华盛顿的描述、对美国民主制度的赞赏，对他思想和行为的影响，怕是另当别论。单就世界知识而论，时人把《海国图志》与《瀛环志略》一比，便认为前者"大半臆说"。

左宗棠受林则徐的影响，较魏源更直接、更大。据史料记载，本节标题便是林则徐赠左宗棠的一副对联的下句。

林则徐与左氏的相见，被历史传为佳话。

那是道光二十九年冬天，时任云贵总督的林则徐因病开缺回籍，从昆明回福建，途经贵州、湖南，绕道江西去福建，走的是水路。船过洞庭湖入湘江后，派专人送信给左宗棠，约他到长沙会见。

接到传信，左宗棠异常兴奋。当时的林则徐经鸦片战争、被谴新疆，已是清朝通国，乃至英美诸国尽知的大人物。左宗棠从两江总督陶澍、贺长龄、贺熙龄和好友胡林翼处，久知林则徐其人。早在林则徐从新疆归来时，他就在给胡林翼的信中，谈了自己对林的崇敬之情，信中称之为"天人"。并有一段话："所有天下士粗通道理者，类知宫保，仆久蛰狭狭，颇厌声闻，宫保无从知仆，然自十数年来闻诸师友所称述，暨观宫保陶文毅（指陶澍）往复书疏与文毅私所记载数事，仆则实有知公深。海上用兵之后，行河、出关、入关诸役,仆之心如日在公左右也。忽而悲,忽而愤,忽而喜,尝自莞尔!尔束公行踪所至,而东南,而西北,而西南,计程且数万里,海波、沙碛、旌节、弓刀,客之能从公游者,知复几人?乌知心神依倚,惘惘相随者,尚有山林枯槁,未着客籍之一士哉!"①

通观左宗棠对时人的评价,能像对林则徐这般高仰、倾倒者,的确寥寥数人而已。

那么,林则徐又是如何得知左宗棠的?原来林则徐任云贵总督时,左的好友胡林翼为安顺知府,是林则徐的部属,胡曾向林推荐过左宗棠,林也曾让胡邀左去他的总督府任幕僚。当时左宗棠已受两江总督陶澍之遗嘱,为其独子陶桄授课,无法脱身前往。

另一个原因是,陶澍临终托孤,让左宗棠与之联姻,让左之女孝瑜与其独子陶桄订婚。而胡林翼又是陶澍的女婿,贺熙龄与左宗棠也是儿女亲家。胡林翼之父胡达源与左宗棠之父左观澜也是同窗世交关系。

封建社会,官府集团化,官僚姻亲化,这是个普遍现象。如果再细说起来,湖南的官员集团,以后出现的湘淮集团,其师友姻亲关系,盘根错节,几乎很难弄得清楚。

林则徐为何要见左宗棠,这与胡林翼、陶澍、贺长龄、贺熙龄都有某些关系。仅以"爱好者"气味相投论之,也太理想化了。

当然,平心论之,林、陶、胡、贺等都是清正廉吏,也同属经世一派。他们互相联系,政见、学见一致,与那些腐败集团不可同日而语,这也是实情。

林、左相晤是在1850年1月3日。当时得知林则徐到来,湖南省文武都纷纷前往拜会,据称林则徐让属员一概挡驾,接到"湖南举人左宗棠"之红帖,则从船舱走出,到船头接待。

左宗棠心情激动,走在跳板上居然一脚踏空,落入水中。林则徐命人扶

---

① 《左文襄公全集·书牍》,第1卷,第49—50页。

入舱中更衣，而后对饮夜话，据说他们谈了一夜。

所谈主要内容，一是学术，即通经致用之学也。二是时政，尤其是西北的军事政务，林把自己的实地考察资料和见解，全数交给了左氏，为他以后的进军和建设新疆，提供了一手材料。

胡林翼记述："左君宗棠，林文忠过湖上时招至舟中，谈论竟夕，称为不凡之材。"①

临别时，林则徐亲书联语相赠：

> 此地有崇山峻岭，茂林修竹；
> 最能读三坟五典，八索九丘。

这副对联是乾隆时著名文人袁枚为他的南京小仓山随园题写的匾联，前句写园林之美，后句写在此园可以读各种各样杂书，玩味文学，修身养性。袁枚是当时著名诗人、散文大家，他短时做过知县，中年退隐，居住南京随园。他的文学思想提倡个人风格，反对崇古，他在《咏岳飞》的诗中说："不依古法但横行，自有云雷绕膝生；我论文章公论战，千秋一样斗心兵。"②

林则徐之所以把这副对联书赠左宗棠，首先表达的是个人的思想情感。经世致用学派的学者们都反对复古，反对死读经书，要求不拘一格，如龚自珍的"九州生气恃风雷""但开风气不为诗"等诗句所表达。他们要求文人治学为国为民，为开风气。其次是林则徐以袁枚的对子鼓励左宗棠，努力读书学习，使自己成为于国于民有用的大才。

林则徐从湖南回到福建没几天，广西发生了农民起义，此为太平军起义的先声。清政府用他为钦差大臣，前往广西镇压。他率兵前行，当行至广东

---

① 《胡文忠公遗集》第54卷，《左宗棠年谱》，第26页。
② 《中国文学史》三，第1242页，人民文学出版社1985年。

潮州时，突得急病逝世。临终前命次子聪彝写遗折，折中还向咸丰皇帝推荐了左宗棠。

道光三十年十一月二十一日（1850年12月24日），左宗棠在长沙闻听林则徐的噩耗，痛哭出声，并撰挽联①：

附公者不皆君子，问公者必是小人，
忧国如家，二百余年遗直在；
庙堂倚之为长城，草野望之若时雨，
出师未捷，八千里路大星颓。

左宗棠一生不忘他与林则徐的会见，老年为将为相，仍认为这是自己一生中的"第一荣幸"，可见林则徐对他的学术和事业影响之大。

但是，左宗棠不是个思想家，也不是儒学家；当时的大儒是曾国藩。他虽属经世学派，但其一生的学问在于"实学"，他之所以称著于世，是因他的事业，即平定西北、建设西北的大事业，用所谓"立言、立德、立功""三不朽"的标准来衡量，他的"不朽"在于立功。

学者们论证左宗棠，以为他一生的"学问"大约是三方面：一是"地学"，二是"农学"，三是"国计民生环节"中的"水利、荒政、田赋、盐政四门"之学②。

这个结论是正确的。

论者把他青年时代所读的顾祖禹、顾炎武、齐召南等人的著作统归于"地学"中。他在学习中做成笔记，绘制了以史为经、以国为纬的地图，把历代的山川、疆域沿革和兵事关系予以图解；他又把各省通志，山川、关隘、驿道等分门别类，订成几十大本，题名为《朴存阁钞本史部》，又称

---

① 《左宗棠全集》，第13册，第480页。
② 秦翰才：《左文襄公在西北》，第14—16页。

《经部》。他还大量阅读海防方面著述,有海防方面的笔记。据述,他做陕甘总督时,一个俄国人带了一张《康熙舆图》去见左宗棠,自夸对中国地理如何熟识。而左宗棠则拿出《乾隆舆图》考问他,才使这个俄国人明白左氏对地理学的通晓。论者以为左氏军事上的成功,赖于他对地理的熟悉。

左氏的"农学"功底也很踏实,他读遍历代农业著作,编为《朴存阁农书》,把各区的农业特点画成图样。他自己还搞了蚕、桑、茶、竹、农作物的实验种植,自称"湘上农人"。他在一封信上说:"日与佣人缘陇亩,秧苗初茁,田水琮琤,时鸟变声,草新土润,别有一番乐意。"①左氏的农学根柢为他以后的新疆屯垦,提供了思想和方法。

他的第三类学问,即研究国计民生大事,也是经世学派的中心论题,《皇朝经世文编》《海国图志》及龚自珍的大量论述,讲的全是这方面内容,盐、漕、赋、荒、水利、河、海、运输等,历来为国家重视,清末这些问题积弊成堆,都要解决。左宗棠从陶澍家藏图书中,饱读一通,对他以后的治理地方、建设西北大有裨益。

左宗棠功成之后,曾教育子女说:"古人经济学问,都在萧闲寂寞中练习出来,积之既久,一旦事权到手,随时举而措之,有一二桩大事办得妥当,便足名世。"②

他从十八岁起读这些"经济学问"之书,到四十多岁,二十多年研读,终于成就了一二桩大事。大事办成,左宗棠也就有了闻名于世的资本。

前文提到,左氏的学问是在机缘巧合中得来的。如果他顺利考上举人、进士,做个小官一步步往上爬,他就不会有大量读"实学"的机会,也就做不出"名世"的事业来。论者认为左宗棠像诸葛亮一样,有意做"卧龙",有意搞这些"惊世骇俗的学问",并非历史真实。他多年不得功名,穷困半生,满腹牢骚,自比孔明而并非孔明,其实是苦楚而无奈的。

---

① 《左文襄公全集·书牍》,第2卷,第2页。
② 秦翰才:《左文襄公在西北》,第14页。

三 "大江流日夜，八州子弟翘首公归"：与两江总督陶澍的机缘

左宗棠与两江总督陶澍相见并受其赏识，是他人生的一大转机，对他的学问和事业，意义也极大，同时也是左宗棠的一段历史趣闻。

那是道光十七年（1837年）的事。

此时左宗棠得湖南巡抚吴荣光等重要人物的赏识，乡试告捷；而二次入京会试败北，赋闲周家，吴荣光邀请他主讲醴陵渌江书院。这个书院比不得长沙城南书院，水平相当于现在的高小。书院很穷，经常请不到老师。但是，该书院由省长关心创办，对学生却发给一点"膏火费"，即助学金。

吴荣光知道左宗棠"身无半亩"，寄人篱下，让他做该学校的校长（时称山长）和主讲教员，收入就不低了。

左宗棠感谢吴荣光的知遇，对教学和管理都很卖力。学生学习进步，学校声名鹊起，左氏也有了影响。

这时，两江总督陶澍到来。

陶澍是当时清廷的地方大员，也极有名气。清政府的地方大员，有八个总督，八督的地位并不平等，数直隶、两江最重要。直隶是京师重地，两江是国家的财富所在。愈到后来，这两个总督地位愈重要。后来西方各国纷纷与清政府发生外交关系，而皇帝仍坚持不直接进行外事往来，把直隶和两江总督加封北洋、南洋大臣衔，让他们兼任外交事务。曾国藩、李鸿章这样的当国重臣，都做过两江和直隶总督，兼南北洋大臣。

当时的两江总督管辖江苏、江西、安徽三省的军事和行政，陶澍此次前

来，是去江西阅兵的。他是湖南安化小淹人，去江西途经醴陵，顺便请假去安化小淹省亲扫墓，便巧遇了在此教书的左宗棠。

左宗棠正忙于执教，醴陵县令突然来到渌江书院，告知两江总督即将路过，请他为总督下榻的馆舍写副对联，以示欢迎，当时左宗棠写楹联的名声已是周遭难有出其右的了。

左宗棠闻知其事自然不敢怠慢。陶澍的名声他是早已知道的，因为世交好友胡林翼是陶公的女婿，恩师贺熙龄的哥哥贺长龄是陶公的部下，他哪会不知陶公。况且陶公是嘉庆、道光两朝名臣，任江督已十几年，林则徐、胡林翼、贺长龄、魏源、包世臣等，都是陶公栽培的人才，也都是人品、学术一流人物。尤其是林则徐，全赖陶公提拔，他先是提名让林则徐做他直属江苏省的布政使，又上奏提拔其为江苏巡抚，还要把两江总督的位子让给林则徐，皇帝不同意林取代陶，而让林做了湖广总督。这些事不仅左宗棠知晓，而且是正在发生的事，胡林翼、贺熙龄等一直向左宗棠讲述陶公的事业、人品和注重人才、礼贤下士等风格，直是如雷贯耳呵。

他仰慕的大人物一下子来到眼前，县令亲临请他写楹联，他诚惶诚恐，赶紧凝思撰写。他要琢磨出一些与陶公有关的典故，颂扬其政绩，也表达自己的敬仰之情。

左宗棠知道，陶澍最为得意的一段经历是，道光十五年十一月底，皇帝第十四次召见他，为他读书的"印心石屋"钦题匾额。"印心石屋"在家乡小淹石门潭边，潭中有块直立的巨石，形如印章，潭边的书屋便因此得名。道光皇帝在皇宫接见他，同他从容交谈，听他讲自己少年在印心石屋读书的往事，便提起御笔为他题写了匾额。陶公曾临摹道光皇帝的御墨，临摹的"印心石屋"四字，被刻石存于岳阳楼上。

左宗棠为陶公下榻的馆舍题了几副楹联，其中一副用的是"印心石屋"御笔题匾的故事。

春殿语从容，廿载家山印心石在；

大江流日夜，八州子弟翘首公归。①

悬挂在馆舍门楹的这副对联，让陶公极为欣赏，询知作者和书者都是渌江书院的左宗棠，便让县令立召来见。此处的情节，著者多有夸张不实描写，为表现左宗棠的耿介、倨傲、不附权贵，居然说他拒绝去见陶公，最终还是陶澍屈尊去见了左宗棠，等等。实际上左宗棠虽有倨傲脾气，但也看对谁，对陶澍、林则徐这般让他仰慕之官，他还是积极前往拜见的。

当时，一听陶公要见时，他欢喜前往；而陶公"一见目为奇才，纵论古今，为留一宿"②。陶公高兴，特意推迟归期一日，约左宗棠游醴陵。他们边行边谈，极为融洽欢快，成为忘年之交。当年陶澍是五十九岁的封疆大员，而左宗棠仅是二十六岁的教书先生，二人相知，亦可引为历史佳话。

第二年，左宗棠再度进京赶考，会试落榜归里，途中绕道去了南京两江总督府，这也是去年陶公临别时的嘱咐。

总督大人对左宗棠的再度落榜毫不介意，且格外热情，勉励他做事业不必论资格。这次留他在总督府住了十几天，陶澍还主动提出要与左宗棠联姻，提出让左宗棠四岁的女儿孝瑜，与他五岁的儿子陶桄订婚。

这是左宗棠未曾想到的，因为二人无论门第和年龄，相差都太远；何况子女尚幼，亦非谈婚论嫁之时，因此拒绝，或曰只得同意。

对陶、左二人的联姻，说法亦颇纷纭。不少著者认为并非陶公当面提出，而是通过贺熙龄向左提起。左氏认为"齐大非偶"，表示两家门第、年龄悬殊，实不敢高攀。而贺熙龄是左宗棠的恩师，贺熙龄也是陶澍的儿女亲家，左宗棠论师生关系，若成此婚事，自己与恩师又乱了辈分。但毕竟是恩师为媒，不敢违拗，只好同意了婚事。

不论如何，陶、左确成姻亲。左宗棠又加入了湖南籍官僚集团之中，此

---

① 《左宗棠年谱》，第15页。
② 同上。

说前已有论。此后让左宗棠的升迁，有了更大后盾。

回头细看，陶总督江西之行醴陵约见左宗棠，亦并非因看到左氏的楹联，才知有个左宗棠。实则因贺长龄、贺熙龄、胡林翼等各种关系，陶公怕是有意会见左宗棠的。没有那副对子，他也要见左氏。

而陶总督与左举人联姻，既是史实，也确属历史上极为罕见之事。陶总督一定是在贺熙龄、胡林翼等姻亲的提示下，闻左氏之才智等情，才以总督之身份地位，与极不相称的举人联了姻。其中，官僚集团的影响力也在影响着陶总督。这是客观历史的分析，偶然发生的历史事件，也都有必然因素存在。

第二年，陶澍在南京病逝，家眷迁回湖南安化小淹。贺熙龄写信给左宗棠，称陶公临终前曾把儿子托付于左，让左去陶家照料，教年幼的陶桄读书，直至长大成人成家立业。左宗棠遵命去了安化小淹，这一去就是八年之久。

在陶家的八年，除教陶子，也是自己未来女婿陶桄读书外，左氏大量阅读了陶家的藏书，极大地增长了他的学识。陶家藏书极为丰富，不仅中国古代诸子百家、三教九流之书皆全，而且有清朝的各种宪章文件及陶澍收藏的臣工奏稿、书信等。

这些图书文献，帮助左氏实现了"读破万卷"的志向。尤其是他大量接触陶澍累积数十年奏疏底稿，从一个侧面了解到清政府的内幕，这是以前他读多少书也难以达到的。例如：他率兵去新疆平叛，打击浩罕、俄、英侵略者时，同下属说，在陶家见到关于西北问题的疏稿，即有英国人暗中勾结浩罕、侵略新疆的内容，却并未引起清政府的注意。他还回忆，在陶家看到一份档案，有个叫雷壬士的外国人，曾向清廷献上水雷制造的方法，并献予水雷实物。那还是道光年间的事，而中国自制枪炮却晚了二十多年，何以当时无人注意此事。

他在陶家读了大型的《图书集成》，看到了《康熙舆图》和《乾隆舆图》，促使他进一步研究中国历代的地理。后来他到了西域，行军作战，对那里的地理也不生疏，那个俄国人想用《康熙舆图》考校他，他拿出《乾隆舆图》来，却考倒了那个俄国人。而且他还有更加详细的古今和各省各地的舆图，则更非外人所能知晓了。《图书集成》中，尚记述了英国向清廷派使遭到拒绝的情况，这也是当时的一般官员所不了解的。因为这部图书太大，左宗棠没有那八年的闲暇，是读不透的。何况一般士子，只知读《四书》《五经》，准备博取功名，也不会去看这些闲杂却有用之书。

总之，左宗棠的知识结构的确超出当时的一般知识分子，而这些知识，也多是在陶家八年积累的。从中也反映出，陶澍其人为官所以注重国计民生，成为著名的经世致用学者和高官，同他研读实用价值很高的实学有很大关系，他重视左宗棠，也是看到了左氏的这一特点，是呼吸相通、气味相投所致。

道光二十七年（1847年），陶桄十六岁、左宗棠长女十五岁，在当时已是结婚的岁数了。在贺熙龄等师友的敦促下，他和陶澍夫人一同为陶桄和孝瑜办了婚事。第二年，陶家搬进长沙城，左宗棠在长沙徽国朱文公祠设馆授徒，陶桄仍跟他学习。

在陶家的八年，左宗棠为之料理家务，陶氏寡妇孤儿有他做靠山，避免了无赖敲诈。左氏抚养陶桄直至成家立业，确未辜负陶澍的重托，时人对左宗棠所为，多有赞赏。

四 "长为农夫以没世"：辰山与柳庄的生活

自道光十二年（1832年）至咸丰二年（1852年），左宗棠是在乡村度过的。他先是入赘周家，躬耕湘潭之辰山，长达九年；中途至安化小淹，为陶家料理事务；后回湘阴老家，在东乡柳庄买田自立。期间发生了第一次鸦片战争，中国战败后，他欲"买山隐居"。后因太平军入湖南，他以"保卫桑梓"故，出为湖南巡抚幕僚，结束了二十年的乡村耕读生涯。

他入赘周家，寄人篱下，不免苦涩。但夫人诒端极为贤淑，不仅不嫌弃夫君穷酸，而且一心帮助丈夫读书做学问，支持他的科考，协助他料理家庭躬耕事务。周夫人既是贤妻，又是伴读。

其间，左宗棠独居周家桂在堂的西楼，潜心研读地理学。周夫人帮他查找资料，并为他绘制地图。左宗棠曾三度入京，又去醴陵渌江书院教书，周夫人怕他客馆凄清，特做一个枕头送他，枕上亲手绣幅"渔村夕照图"，并绣上自己的一首诗：

> 小网轻舠系绿烟，潇湘暮景个中传，
> 君如乡梦依稀侯，应喜家山在眼前。[①]

当左宗棠数度应试不中，心灰意冷之时，夫人又安慰他，写过不少慰藉

[①] 引自秦翰才：《左文襄公在西北》，第23页。

他的诗,如《秋夜偶书寄外》七律中有言:"书生报国心常在,未应渔樵了此生。"①

可见,在左宗棠欲买田归隐之时,是周夫人极力相慰相劝,才让他打消归隐渔樵的念头,努力进取,以报家国的。

左公夫妻恩爱,三年连生三个女儿。而他的连襟张声玠,也入赘周家,娶了周夫人之妹茹馨却连生三子,左宗棠曾抱着张的三子起毅,玩笑般地说:"此子何不赐我!"周夫人见左宗棠盼子心切,加上自己生的孩子皆体弱多病,次女生下不久便患小儿麻痹病,后终生未嫁,因此便把自己的侍女张氏纳为左宗棠之妾,年内张氏生下一女孝琳。至二十六岁,左宗棠已有四个女儿,家庭负担很重,但张氏身体强壮,家庭事务,凡浣洗、缝纫、饭食全部包揽,身体虚弱的周夫人便得以休息。

后来因去醴陵执教,随后又去安化小淹陶家,故九年未生子女。直至买田柳庄,独立生活,同两位夫人聚在一起,又于三十五岁那年周夫人生下长子孝威;八个月后张夫人生下次子孝宽。周氏体弱,没有奶水,两个男孩全由张氏哺乳。张氏后来又生下两子孝勋和孝同,左公才儿女双全,四子四女,如愿以偿。

其间因生子嗣而令左宗棠羡慕的连襟张声玠却是连遭不幸。

张声玠与左宗棠差不多同时入赘周家,居于周家桂在棠西屋的另一侧。二人处境一样,都是连试不中的落第举人。为了谋生,二人平日外出授徒,年终回家。他们一起喝茶饮酒,聊天,一同发发牢骚,讲些笑话,甚是融洽。

道光二十五年(1845年)十月,张声玠得了一个七品官,到河北保定的元氏县做县令,他们全家迁往直隶元氏县。左宗棠还曾写信开玩笑:"天下两员官好作,一宰相,一知县,为其近君而近民也。宰相不可得,得百里之

---

① 引自秦翰才:《左文襄公在西北》,第23页。

地而君之,可以!"①是说宰相可以接近皇帝,知县可以接近百姓,当宰相难,而做了亲民的百里县令,也算是一地之父母了。

然而,张声玠的父母官仅做了六个月就丢了,只得四处奔走谋食。丢官奔波的艰辛,家庭生活的困难,两个儿子在同一天病死,他本人也忧伤而死。茹馨带着另两个儿子和三具棺柩,南归湘潭辰山周家。

左宗棠只得收养了张声玠的二子,幼子张叔容,即左公要收做儿子的,时年才九岁,左氏为他们延师授课。叔容可能因父亲丢官、家庭艰辛的原因,小小年纪便寡言少欢,只知读书,学习成绩很好,但多次投考县学皆不被录取。咸丰八年(1858年),这孩子坚决不在左家生活,要到其他亲戚家去。左宗棠挽留不住,只得放行。不久,便听到这孩子投水自尽的噩耗,年仅十九岁。

张声玠一家遭遇悲惨,自己也好不到哪里去。同辈者有的中进士、点翰林,谋得官职。而自己寄人篱下,做乡村老师,穷愁不堪,他在"二十九岁自题小像"八首之一中说:

> 犹作儿童句读师,生平至此乍堪思。
> 学之为利我何有,壮不如人他可知。
> 蚕已过眠应作茧,鹊虽绕树未依枝。
> 回头廿九年间事,零落而今又一时。②

周夫人读了他的诗,也写诗安慰:

> 清时贤俊无遗逸,此日溪山好退藏。
> 树艺养蚕皆远略,从来王道重农桑。

---

① 王庭显:《左宗棠的幼年、青年和中年》,第43页。
② 《左宗棠全集》,第13册,第457页。

在夫人的慰勉陪伴下,左宗棠安心课耕。他一边教书,一边研读农学,就在辰山田野里做实验。他研究了南北农业的不同,根据土质和气候耕种,写了一本《广区田图说》,说明各种作物的因地制宜,即"区种"办法及不同作物的间隔种植。在耕种农田之外,他还种植了千株桑树,养蚕、制丝。

道光二十年(1840年),左宗棠应陶澍和贺熙龄之托,在小淹照顾陶桄时,发生了第一次鸦片战争。

左宗棠虽处荒村,但从贺熙龄等处得知了战争的情况。他曾给贺熙龄写信,提出六篇战守策略:料敌、定策、海屯、器械、用间、善后。即要求主持战争之官全面分析敌我力量,确定战争方略,加强陆海防卫,重视对敌的情报工作,计划好战后安置工作,等等。但是,他只是一名乡间举人,所言自然难达,更无由被采纳。[①]

主持战事的林则徐被罢职戍边,左宗棠对琦善等构陷者无比愤恨,写信给贺熙龄说:"琦善以奸谋误国,贻祸边疆,应当斩首军前。"[②]

清政府无战守良策,终于失败,第一次签订了丧权辱国条约,左宗棠写了《感事》[③]诗四首,表达忧愤之情。这四首诗中,每首可引一联,见其心绪:

第一首:和戎自昔非长算,为尔豺狼不可驯。
第二首:书生岂有封侯想,为播天威佐太平。
第三首:群公自有安攘略,漫说忧时到草莱。
第四首:欲效边筹裨庙略,一尊山馆共谁论?

左氏以为对付侵略者自古和戎非策,只能使豺狼进一步侵略,朝中官员

---

① 《左文襄公全集·书牍》,第18卷,第5页。
② 《左文襄公全集·书牍》,第1卷,第15页。
③ 《左宗棠全集》,第13册,第458—459页。

并无安邦之策，山野书生不想封侯，只为取得天下太平，但山民草莱之人，虽有良谋，又如何以达庙堂呵。

鸦片战争结束后，中国开始沦为英国的半殖民地，列强纷纷入侵，左宗棠产生"买山而隐"的避世思想。

至道光二十三年（1843年），他已在陶澍家坐馆五年，每年可得二百两银子的束脩，约得白银千两。他用九百两在老家湘阴东乡柳家冲买田一百七十余亩，盖了住宅，在门楣上亲题"柳庄"二字。第二年，全家从湘潭辰山迁来新居，结束了他寄居岳父家的"入赘"生活。

虽仍赴安化陶家执教，但他有了自己的土地和房宅，就经常回家，"每自安化归来，督工耕作，以平日所讲求者试行之。日巡行陇亩，自号'湘上农人'"①。

此时，左宗棠应该是一个富裕中农，或小地主了。他每年在陶家仍可得二百两束脩，他不仅种稻谷，还兼植茶叶、竹子，并植桑养蚕，这些经济作物的收入可观。湘阴产茶，是他首创。

由寄人篱下到成为耕读富户，全家老少欢声笑语，左宗棠很是自得。他在给朋友的信中说："兄东作甚忙，日与佣人缘陇亩，秧苗初茁，田水琤琮，时鸟变声，草新土润，别有一番乐意。"②他还在《催杨紫卿画梅》诗中说："柳庄一二十梅树，腊后春前花满枝。"③其欣喜之态，溢于言表。

此时他钻研地理学和农学，已著有多种专门图书，但已散佚。他对经济"实学"的认识更深，在写出《朴存阁农书》（亦未刊刻）前，曾给朋友写信说："近人著书多简择易成而各美者为之，实学绝少。仆近阅新书，殆不啻万卷，赏心者不过数种已耳。学问之敝，人才之衰，此可概见。仆近因农家为人生第一要务，而左近颇少传书，思有所述，以诏农圃，志此者数年矣，而尚未得成，卷帙不过十数篇，精力想尚可及，晤时当详告之，亦人世

---

① 《左宗棠年谱》，第23页。
② 《左文襄公全集·书牍》，第2卷，第4页；第1卷，第36页。
③ 《左宗棠全集》，第13册，第460页。

不可少之书也。"①

　　此信论及，当时的著作虽多，但"实学绝少"，故而"人才之衰"。他以为自己研究的农学、地学才是让人才兴旺的"实学"。他想为种田人写一本书，经几年农耕实践，才写出十多篇，取名《朴存阁农书》。这本未刊的书稿，留存到民国初年，存于司马桥住宅，后被烧毁。

　　道光二十八年（1848年）前后，灾难袭击了南部中国，先是两年大旱，接着大雨连绵，靠近湘江的柳庄，耕田被大水淹没，颗粒无收，仓储谷子也全部泡水发芽。一家十二口无米可食，接着又病疫流行，全家得了重病。

　　左宗棠遇到了空前灾难，他把杜甫《同谷歌》诗句"男呻女吟四壁静"的"静"字改为"空"字，念给病中的家人听："此时与子同归来，男呻女吟四壁空。"后来回忆：那一年是自己生平境遇最苦者，几乎没能熬过来②。

　　为了救助灾民，左宗棠约集乡中有影响之人四处劝说募捐。长沙、善化、湘阴、湘潭、宁乡等地跑遍，士绅们为之捐输银钱谷米，为数值五千余两。他们把银钱全部购进谷米，赈济灾民，在道边设置粥棚，以大锅煮粥，路过的饥民食粥以充饥，免于饿死。病者皆食以中草药制成的药丸，因此救活了不少人。

　　在连年的灾害中，左宗棠在家乡建起了"仁风团"义仓，劝族人积谷备荒。在族人中选拔公正之人出任经理，订出约章，并向官府备案，作为赈济备荒永久之计。

　　左氏有赈济乡民的传统，其父左观澜即有《族仓条约》。左宗棠设义仓救饥民，用的便是父亲的办法。他在乡村数十年，目睹农民的艰苦，养成关心穷苦的良好品质。从这一点评论，"身无半亩，心忧天下"的联语亦不虚也。

---

① 同②。
② 《左宗棠年谱》，第24页。

五 "经济南阳一卧龙":自比武侯,纵是三顾不出山

咸丰元年(1851年),太平天国农民起义爆发,左宗棠正在柳庄农作。而当起义军北上,攻克湖南永安,湘南吃紧之时,胡林翼等推荐左氏出山抗击起义军,他一再拒不应出。

人们以为他是效法当年的诸葛亮,让刘皇叔三顾始出。

因为左宗棠平日里确以诸葛武侯自居,常说诸葛是"古亮",他自己是"今亮",与人书信常以"亮""小亮""今亮"落款。

他的居处,曾在后院筑一大花园,正中凿一大池,养着大群鲤鱼,命名为"武侯池"。凿池堆土为山,栽起青篁松柏,命名为"卧龙岗"。岗下盖一竹篱草房,房内摆一张古琴,壁上挂着"隆中对"古画,命名为"隐贤庐"。"武侯池"畔还雕一头黑色花岗岩石牛,那瞪圆的双眼,弓身蹬蹄的雄姿,弯曲冲天的锐角,显示主人倔犟不屈的性格。

至于雕牛之典还有传说,即左宗棠诞生之夕,年近八旬的祖母杨老太太,梦见一神人从天而降,自称是"牵牛星"[①]。醒后即闻儿啼声,原来媳妇生下了一男孩,这便是左宗棠。左氏一生也总以"牛"自诩,以为刚直不阿,有牛脾气;未仕前人称他"湖南骡子",他也很喜欢。直至为大帅领兵进军西北,他还在军营中常于饭后拍着自己的大肚皮笑说:"大帅不辜负这将军肚,将军肚也不辜负我大帅也!"

---

① 秦翰才:《左文襄公在西北》,第6页。

有一天，饭后他又拍着肚子问左右："可知我这肚子里藏着何物吗？"左右随员有的说："大帅肚子里有十万兵甲！"有的说："大帅满腹经纶！"他总是笑而摇头。忽然一个亲兵说："大帅肚子里满是马绊筋（湖南人称牛吃的草）。"左宗棠听后大笑："对极了！对极了！"

这便是传说中的"谀辞不赏，贬语得欢"的典故。左宗棠心里存着牵牛星下凡的传说，以牛脾气不阿自诩，说他肚中是牛草他自然欢喜了。

他的厅堂更是赫然挂着一副联语：

文章西汉两司马；
经济南阳一卧龙。[1]

左宗棠自比诸葛，又以"牛"自诩。

诸葛亮与牛似乎代表两种截然不同的性格：前者机敏，后者忠诚而倔强。但是，这两重性格又可统一于一人之身。如诸葛亮是神机妙算的化身，但他对刘备却极为忠诚，他明知不可为却为之，且鞠躬尽瘁，死而后已，也是一股牛劲。

左宗棠既比诸葛，又比牛，大约也认识到了这两种性格的统一性。

诸葛亮神机妙算，但在对手来说，却表现出奸诈和虚伪，并一身鬼气。他气得周瑜吐血而死，却去其棺前扑天抢地大哭，感动得鲁肃那样的老实人不知所措。

当太平军攻来时，左宗棠拒不出山，表现的就是他的机敏，或曰狡猾心理。

他是在观望。

观望的办法是先隐居起来。造反是大逆不道，犯上作乱，要杀头灭族。但左宗棠长期不得志，对清政府的腐败看得也很透，认为"当今国事败坏已

---

[1] 《左宗棠全集》，第15册，第292页。

极，朝廷上下相蒙，贤奸不分"，这个没落的政府早晚是要垮台的。

他和曾国藩、林则徐、胡林翼等有着极为不同的性格。这些人读书、立志，对清政府绝对忠诚。例如林则徐，作为坚决抗击英国侵略者的战争主持人，道光不分黑白，予以罢官发配极边。而当广西发生农民起义时，道光一纸诏书，他便抱病领兵前去镇压。

左宗棠对清政府绝不是"牛"，他是有二心的。他怕反对清政府有灭族的下场，虽然同情起义军，但不敢参加起义。他更是不想马上站到清政府一边，与起义军为敌。

他本来就有"买山而隐，为苟全之计"，做个"湘上农人"，不再为清政府做事的打算。

农民起义军打到了湖南，他的"湘上农人"太平日子过不成。情急之下，他决定到深山老林隐居避乱。

他约了好友郭嵩焘及其弟郭崑焘与兄长左宗植等商量对策，大家都同意他的办法。

左宗棠、郭嵩焘二人到湘阴东山考察，经多日寻觅，终于找到湘阴、长沙交界的青山。这里群峰连绵，山谷错综深邃，还有很多洞穴，他们看中其中一个洞穴，名曰"白水洞"，准备急迫时来此避难。

他给老师贺熙龄写信，认为对太平军的起义应先避其锋头，看看形势再作打算。信中，他举例，明清战争时，有个叫孙夏峰的知识分子，避居易州之五公山；还有个叫魏敏果的人，奉母入蔚州德胜砦（zǐ，音子，山凹），都得以免难。

避难的地方找好了，那还是道光三十年（1850年）秋天的事，太平军还未离广西境。转过年来，道光帝死去，咸丰帝即位。新纪元都要有些兴革，咸丰皇帝没有高招，只通知地方选贤，当时准以开孝廉方正特科，选孝廉方正之人才，保举赏给六品顶戴。

郭嵩焘会同县中多人联合推举左宗棠，以左宗棠当时的影响，被选中是没有问题的。但是当时局势危迫，起义军迅速北进，他既已决定入山避难，便坚决拒绝。再说，孝廉方正科等同举人，他已中举多年，自然不屑应举。郭嵩焘是左宗棠要好的朋友，湘阴同乡，翰林出身，博学多才，是清政府派出的首任出使英法大臣，因言英法制度优越而被罢黜，这是后话。

第二年，太平军自广西北进，一路打败清军的围追堵截，攻陷永安、桂林、全州入湖南。又连下道州、郴州，向首府长沙挺进。

情况危迫，急如星火。左宗棠便率家人自柳庄迁入东山白水洞，因陋就简，盖了茅舍。郭嵩焘全家亦迁入距左氏不远的樟木洞，两家结庐而居。与左宗棠住在一起的有二哥宗植一家和姨妹周茹馨及其两个儿子。

左宗棠避居深山，心安理得，自认为："我无害于贼，贼无所忌我"，采取了观望、中立的态度。

此时，湖南巡抚骆秉章奉命调京，张亮基临危继任，心情紧张，四处招揽人才，抗击太平军。时任贵州黎平知府的胡林翼便写信给张亮基，极力推荐左宗棠，信中说："左子季高则深知其才品超冠等伦，曾三次荐呈。此人廉介刚方，秉性良实，忠肝义胆，与时俗迥异。其胸罗地图兵法、本朝国章，切实讲求，精通时务。访问之余，定蒙赏鉴。即使所谋有成，必不受赏，更无论世俗之利欲矣。"①

此时的张亮基正任职云南巡抚，因云贵总督林则徐因病挂职，张署理总督。湖南兵情紧急，奉调为巡抚。当他行至湖南常德时，接到胡林翼的推荐信，立即派人带礼物去东山白水洞延请左宗棠，被左氏拒绝。

很快，太平军包围了长沙城，西王萧朝贵勇猛绝伦，亲率太平军前锋攻打长沙，战况异常惨烈。张亮基于咸丰二年八月十九日到达长沙城外，直到二十四日夜才在北门一角偷登梯子进入长沙城。

从胡林翼给左宗棠信中，可知张亮基对左宗棠顾盼十分殷切；胡公也竭力劝左出山为之效力。胡林翼信中说："张中丞两次专人备礼去请先生……昨得中丞八月二十三日乔口舟次信，言'思君如饥渴'。中丞肝胆血性，一

---

① 胡林翼：《胡文忠公遗集》，第55卷。

时无两。林文忠（即林则徐——引者）荐于宣宗皇帝，以是大用。先生最敬林文忠，中丞固文忠一流人物也。……林翼非欲浑公于非地，惟桑梓之祸见之甚明，忍而不言，非林翼所以居心。设先生屈己以救楚人，所补尤大，所失尤小。区区愚诚，未蒙深察，且加诮让，且入山从此日深，异哉！先生之自为计则得矣。先代积累二百年，虚生此独善之身，谅亦心所不忍出也。张中丞不世奇人，虚心延访，处宾师之位，运帷幄之谋，又何谦焉。设楚地尽沦于贼，柳家庄梓木洞其独免乎？"①

　　胡林翼的劝说可谓苦口婆心。从中可看出胡林翼对清政府忠心一片，赤诚无比，在镇压太平军起义中，他出力尤大，他坐镇武昌，与曾国藩专心图长江流域，身经百战，攻取武昌、九江等重镇，尤其安心做湘军的后援，直至呕血身死。其封谥"文忠"，同于林则徐，只有尽忠朝廷者，才可得"忠"字谥号。在与太平军作战的过程中，他与曾国藩并称"曾胡"。他二人的作战之法，后被总结为《曾胡兵法》，成为黄埔军校师生的重要读本。

　　同在山中避难的郭嵩焘、左宗植见状，也动员左宗棠："以堂堂巡抚一省之长，卑辞厚礼请一寒士，此事古虽有之，近则罕见矣。"

　　与此同时，长沙守备江忠源也来信敦请他出山。江忠源同是湖南举人，当湖南发生雷再浩起义时，他以一文士练勇与之作战，镇压了起义军。太平军起事广西，他又率所练之军前往广西，清军节节败退，唯他的军队艰苦作战，始终追击太平军，直至湖南。他历经无数次战斗，多次负伤。清廷褒奖这支不要军饷、自练成军的部队，连升江忠源的官职，由一举人升为知县、知府。在张亮基到任长沙时，江忠源以知府衔率部留守。知府已是四品官，而他自练军队参战，实为当时"团练"的成功范例，曾国藩所编湘军即是"团练"，亦在江忠源之后。在左宗棠出山之际，江忠源又连立战功，当年就升为按察使和安徽巡抚，已与张亮基官职等同，是朝廷的封疆大员了。

　　江忠源的例子被左宗棠看在眼里，如果在承平之年，一个举人要成为一

---

① 胡林翼：《胡文忠公遗集》，第55卷。

省之长，是绝不可能的事。进士、翰林外放，亦不过县令而已，一辈子也别想做巡抚大员。而江忠源却以一个举人，自练兵勇作战，年余光景就被擢升为省级大员。

显然，左宗棠在好友胡林翼的劝说和湖南巡抚发自内心的敦请下，在江忠源由举人很快升迁为地方大员的模范感召下，深切受到，总躲在山中也不是办法，躲得一时躲不了一世，当太平军攻占全湖南，白水洞也不是永久安全之地，他和曾国藩等人，为保卫身家桑梓，最终应召出山，成为镇压太平军的"中兴名臣"，其事业和名声，又远超过劝他出山的江忠源。

或者说：即使张宫保三顾，胡林翼五荐，左尝棠犹不出山，张亮基也无可奈何。后江忠源为之献计：请来左宗棠之婿陶桄，让他写信给左宗棠，言陶家必须献出白银十万，以助军饷，不然不放陶桄归家。左氏接信后大怒，快马入长沙城，方知是张、江合谋，计赚左宗棠。

此说乃小说家演义，然陶家确有捐献白银助饷之举。那时左宗棠已为湖南巡抚幕僚，曾国藩办湘军攻敌极缺饷项，湖南巡抚劝捐，陶家共捐五万两银子。此史实被人演义，故有计赚左宗棠，使其出山入湖南巡抚幕之故事。

六 "处宾师之位，运帷幄之谋"：入张亮基幕府

左宗棠既同意出山助张亮基，乃遵胡林翼所言："处宾师之位，运帷幄之谋"，既不像江忠源那样募兵上战场，也不要一官半职。胡林翼知左宗棠年已四十，中举人多年，入幕湖南，想谋高官与体制不合；而赏个低级官佐，高傲的左宗棠不会接受。左氏总以诸葛孔明自居，就让他做孔明第二，发挥其"知兵""善谋"之特长，待将来大功告成，自然成为高官显宦。

胡林翼对左宗棠可谓深知，同时也极为赞赏。他曾评论左氏："横览七十二州，更无才出其右者。倘事经阅历，必能日进无疆。"这两句话的前一句极推左氏，他自己虽这么认为，但略有言过其实。后一句言称左氏，必要经过一番历练，才能成就大事业。这点看得很准，左宗棠为人"刚而褊"，又潦倒山野，对官场极为不满，养成自满而偏激的性格。让这样的人马上主持一方，要出大事。必须经过长期历练，收拢其牛性，才可干出大事业。

胡林翼认为自己才不如左，却得做政府官员，而左氏只是一介书生。故此他再三推荐之，曾向林则徐推荐，向湖广总督程裔采推荐，向张亮基推荐，总说他"有异才""品学湘中第一""才品超冠"等。

胡林翼对左宗棠极为关心，在左氏处境困难时，经常周济之，在柳庄受水灾之时，胡氏从贵州派专人送钱，使他渡过难关。左宗棠为湖南幕僚，工作极为忙碌，而军队的饷项缺乏，日思筹饷，顾不上个人的家事。而胡林翼又拿出钱来（其中也有巡抚一部分），在长沙北城司马桥买下一个住宅，送

给左宗棠,把左氏一家从柳庄迁入长沙城。这座宅第是宋代辛弃疾任湖南安抚使练兵的故地,原名"飞虎",有桥名"司马"。这个住处在长沙北郊,有山有水,宅前有园林。左氏极爱此宅,有告老时常住此宅之望。

胡林翼还知左氏仅为幕僚,没有正式的官俸,更无养廉银。湖南战事紧急,更无闲钱供养幕僚,为使其不过分窘迫,曾写信给湖南署府,让他们为左宗棠的家庭生活着想,为他解决生计,好让他放手为朝廷出力。最终,省署在盐茶局项下,月筹三四十两,资补左氏,解决了他的家庭生活问题。

在胡林翼的帮助下,左宗棠无家庭后顾之忧,便放手为张亮基出谋划策,以其数十年所研究的兵策和各种实学,与太平军对抗。他与不久以后出山的曾国藩和从贵州前来的胡林翼一起,成了太平军的死敌。这三个人互相依托和支持,不仅保住了湖南,也保全了行将灭亡的清政府。可以说,与太平军作战,主要是曾、胡、左这股力量,他们同被认为"中兴名臣",一点也不含糊。李鸿章虽也在镇压起义中出过很多力,但他更大的战绩是镇压捻军起义。

张亮基请得左宗棠出山,从胡林翼等人的介绍中知道左宗棠的军事组织等能力,完全可以主持大局面,又知此人做事独断专行,不喜欢别人干预。于是,当左宗棠入幕之后,他明确表示大局一切听从左宗棠,让他放手做事,绝不掣肘。左宗棠也不客套,公然表示,自己乃一介书生,湘上农夫,有家有业,不习惯官场生涯,如果能与诸公相处得好,就在长沙多住几日,若有芥蒂,将随时归去。

长沙的战事,本该由湖南提督鲍起豹负责,但自左宗棠入幕,文武事务、长沙城守,全由左宗棠、江忠源二人说了算。鲍起豹等人后来曾欺曾国藩软弱,弄得他在长沙无立足之处,但他们知道左宗棠的脾气秉性可不是好惹的,明知左氏一无官品和功劳,也不敢丝毫得罪。

所以,左宗棠初来长沙,便大刀阔斧干起来,也做了几件大事。

首先是长沙城的守卫问题。

太平军进攻长沙是萧朝贵率军两千于咸丰二年七月二十八日(1852年9

月11日）凌晨开始的，第二天主将萧朝贵便中炮负了重伤。以后连续六天，双方激战惨烈。

左宗棠进入长沙城是农历八月的事，不久萧朝贵炮伤牺牲，洪秀全闻讯，于九月初一率军抵达长沙城外。太平军东王杨秀清以下，分析了战势，认为长沙城守卫坚固，一时难以攻下。而杨秀清与天王洪秀全商定，今后的战略，主要目标是打下南京，建立"小天堂"，暂时不与清政府争一城一地，待打下南京后，再出兵征服。

所以，洪秀全率兵虽抵长沙，但主要是在城外作战，未认真进攻长沙。

即使如此，守住长沙亦可分城外清军之忧。

左宗棠与江忠源一起，以城防为己任，日夜亲临指挥，打败了起义军的多次攻城，太平军以地道攻击，也被左宗棠、江忠源击退。

因太平军的方针是"略城堡，舍要害，专意金陵，据为根本"①，故攻长沙两月不下，乃主动撤围北上，长沙之围遂解。但是，长沙军民及张亮基却不知太平军的战略，以为太平军退兵是左宗棠日夜指挥守城的大功劳。

二是为湖南筹集军饷。

自太平军兴起，清廷每天都要派兵出战，每天都要筹集军饷给前方的军队，很快就花光了国库里的积蓄。据可靠史料，到太平军占领南京时，清廷国库仅余二十二万七千余两②，这点银子连一个月的开支也维持不下来。

国库如此空虚，仗越打越大，更需要大量财政支撑，可连清政府派往前线的八旗、绿营正规军此时也得不到军饷，各省、各地的守卫就更拿不到饷银了。地方的财力有限，国库的银子都是地方供应的，哪里该出多少朝廷早就算计到了，地方官到处罗掘，才能上缴应摊的各种款项，哪还有多余的银子。打起仗来，地方守军需要军饷，国库告罄，地方的库藏更是不支。

张亮基为守城军队缺饷而发愁，这个困难左宗棠早已看在眼里，他知道

---

① 《太平天国》丛刊三，第291页。
② 中国人民银行编：《中国近代货币史资料》，第176页，中华书局1964年。

当时连张亮基本人和长沙大小官员的俸银也得不到了。没有饷钱，军心必然大乱。所以，左宗棠必须想办法筹出银子，维持长沙和湖南的战守。

他的办法是向长沙的富户"借"。

长沙谁有存银，张亮基初到长沙，并不清楚，但左宗棠却很熟悉。他为张亮基点出了黄冕、贺瑗、孙观臣等人的名字。

黄冕，字服周，号南坡。其父做过知州，本人做过两淮盐运使，受知于两江总督陶澍，历任府县官。回籍后在长沙八角亭开办金店，成为长沙首富。

贺瑗是长沙普济药店的老板，多年积累，也算富裕。

孙观臣是利生绸缎铺的老板。

借钱的办法是请长沙的商人们吃饭，三人之外，店铺、酱菜园、典当老板们全请到。

饭桌上，张亮基提出守城之难，让大家出主意。

酱菜园老板欧阳兆熊特别恭维黄、贺、孙三人，说三位在长沙多年，对守城事了如指掌，请三位为中丞大人分忧。

三人只好说："中丞有何困难，守城抗贼，保卫桑梓，乃我辈分内之事！"

张亮基见三人入其圈套，便明言自"发逆"围城，城内数千兵马，天天要给养，朝廷的饷银发不下来，每天都要几千两银子的开支。眼下藩库早空，饷钱发不到军中，长沙城便不保了。只好与诸公商量，以湖南巡抚名义向诸公借银十万，待长毛撤退，定向朝廷申报，表彰诸公，并连本带息偿还。

正当老板们低头合计之时，欧阳兆熊却首先主动借款，说自己开个酱菜园，是不上数的小生意，但今日之时，守城急需，若是城破，连酱菜园也开不下去。因此，自愿罄其所有，借银一万。

黄、贺、孙三人无奈，只得认借。连同欧阳氏的一万两，共借银十二万两。

有这些银子入库，才有了守卫长沙的本钱。

显然，欧阳兆熊只是左宗棠安排借钱的一块发面引子。

三是帮助张亮基镇压了浏阳"征义堂"会党。

"征义堂"的头目叫周国虞，道光十四年发生湖北通城钟人杰聚众起义，周国虞以办团练与起义军对抗为名，在湖南浏阳召集乡民，练习刀枪，屯粮买马，形成了一方势力。

咸丰二年十二月初，太平军攻陷武昌，两湖各地会党纷纷响应，不少投入太平军。投入者又派人联络周国虞，约其率众参加起义军。联系人给周国虞的信落入浏阳团练总领王应苹手里，王到官府告发了周国虞。

周国虞闻讯不甘坐以待毙，派侄儿率三百名会众进入浏阳县城，声称协助守城，以此威胁王应苹，不要再去告发，表明自己也是团练组织，没有投靠太平军的意思。

浏阳县令本就不敢惹周国虞，也就顺便承认周国虞入城协防的举动，想平息事端。

但周国虞的手下却不甘心王应苹的找事，便集结队伍冲击王应苹的团练局，杀死了王应苹。并且烧毁了狮山书院，抢劫了城内的富户。

而王应苹的团勇也要为之报仇，集结团丁，打算进攻周国虞的征义堂。周国虞只好应战，两方人马接战，互有死伤。如今周国虞率部扼守古港、穴山坪、宝盖洞要地，准备迎击团练的进攻。

知县见双方大打出手，只想为之说和，不想把事情闹大，因为地方出了大事，官员有守土之责，弄不好就得丢官。

而被杀的王应苹之家人和朋友，却把此事告到了朝廷。

以上情况，是左宗棠派人调查得知的。

张亮基的态度与县令一致，也想把此事压下，找个理由报告朝廷完事。

但左宗棠认为这么做不妥，他的理由有三：一是征义堂之事已捅到了朝廷，而且他们与太平军的往返信件也已为团总和朝廷掌握，此事很难隐瞒下去；二是周国虞的武装力量放在那里，总是一股不安势力，早晚会再出事端,不如趁机消弭;三是压着不办,团练和王应苹的亲属会进一步告状,那时将有知而不办之责,且双方已动干戈,征义堂会众很可能真会举众造反,响应太平军。

因此,必须消灭瓦解征义堂会众。

左宗棠为张亮基出谋划策:以巡抚名义秘密派人调江忠源的部队往剿。此时江忠源正在湘北镇压会党闹事,让他率军以追击会党余部为名,进入浏阳。

江忠源接到秘密通知和左宗棠的亲笔信,从巴陵速进,经平江到达浏阳。

浏阳县令见到江忠源大军到来,赶忙接待,并询问来意。江忠源称受巡抚之命,前往江西剿匪,在此驻扎,等候运来的粮秣,粮秣一到,马上开拔。

待一切部署就绪,江忠源发布告示:本知府奉巡抚之命处理征义堂之事,只要首恶伏诛,余者一概不问。劝征义堂将首恶绑献,本知府绝不动武。

征义堂见江忠源仅率千余人马前来,而征义堂号称数万,没把江忠源放在眼里。

咸丰二年十二月十八日(1853年1月26日),征义堂三千人马扑向江忠源兵营。

岂料江忠源的楚军乃经年战斗之部,与太平军作战已无数次了,对付地方会党,简直如摧枯拉朽。

征义堂乌合之众哪见过真正的战斗部队,两军才一接触,会众便成片倒地,随之抱头四散而走。

江忠源随后发出告示:只要缴械领取"良民牌",即不予追究。

很快,前来领牌者达一万五千余人,楚军并缴获了大量枪炮火药和马匹。

随后向征义堂踞守的要隘进军,经战斗,抓获首领二十余人,余者投降，仅周国虞等数人潜逃，征义堂被彻底荡平。

左宗棠为张亮基幕僚居长沙期间，曾见过曾国藩，二人相会，颇为有趣，在此记述之。

曾国藩是人们熟悉的近代人物。他是湖南湘乡人，只比左宗棠大一岁。可他却于二人会面的十五年前由翰林转为京官，十年升迁了七级，如今是礼部侍郎正二品大员，已与张亮基这等巡抚完全平级了。咸丰二年曾国藩外放江西考官，因母去世回乡守制，奉皇帝之命"墨经出山"，为湖南省团练大臣，编练湘勇对付太平军。

咸丰二年十二月二十二日（1853年1月30日），曾国藩率罗泽南、刘蓉、王鑫和一千名湘乡子弟兵，应张亮基之邀进入长沙城驻扎，协助地方守城治安。

就在这一天，江忠源、左宗棠等率楚勇和乡绅列队把曾国藩迎入长沙。受张亮基接待之后，在巡抚衙门里，曾、左初次会面。

会面之前，二人相互闻名已久。传闻之中，左宗棠认为曾氏正派而且敢于承担责任，做事极为认真，但才具不足，也欠开通。而曾国藩也知左宗棠颇具才识，但恃才傲物，难以相处。

此后，人们猜疑二人互不服气，于是有了刻意渲染二人互不服气的段子。

一次，昔日岳麓书院的同学们聚会，左宗棠、江忠源、郭嵩焘、曾国藩等都曾就读岳麓书院。这次是大家宴请曾国藩。

酒席上，左宗棠傲视群伦，高谈阔论，标新立异，语言大出其格，这让标榜儒学正统的曾国藩很是不快。

大家趁着酒兴吟诗作对，作对子确是湖南士人中的一个文化景观，曾国藩、左宗棠都是个中高手。

曾国藩出了一联：

季子自季高，仕不在朝，隐不在山，与人意见总相左。

左宗棠一听便生气，稍一沉吟，便对出了下联：

藩运当卫国，进不能战，退不能守，问你经济有何曾？

这是笑话曾国藩初练湘勇，作战失败，缺少经世济民的学问本领，是书生营伍，纸上谈兵。

这个段子，流传甚广，史书、笔记多有记载，确实刻画出曾左二人的性格和学问。尤其是曾国藩初出茅庐，不懂治军，打了不少败仗，为长沙官绅不容。编这个段子之人，熟知当时曾左二人的处境和性格，所以编出的故事很能令人相信。曾左是咸同两朝赫赫有名的两大渠首，人们很愿编织两人故事。

以后，曾左二人的故事还很多。传闻故事是真是假，极难分辨。

但上述二人以对联互相讥刺之事，实难发生。因曾国藩当时乃二品大员，位等巡抚，而左宗棠只是一个幕僚，无品无级，曾国藩不会这么主动写联讽刺他，二人实在不是对手。

再说，曾国藩数十年苦读儒家经典，总以先贤严谨地要求自己的一言一行，他已经是世所共知的名儒，哪里会做出这等低级之事来。

这个故事显然是编造的，不是历史真实。

当太平军放弃长沙围攻武汉时，朝廷下旨调张亮基为代理湖广总督。诏书是农历十二月二十六日下达的，而太平军已于十二月初四攻下武昌城，在武昌只停留五天，就顺流东下，目标是下游的南京。

张亮基接旨后于咸丰三年正月十二日离开长沙赴武昌，行前仍想让左宗棠、江忠源随行。左宗棠不愿前往，因为他出山的理由是"保卫桑梓"，那时的"桑梓"是指湖南老家。经张亮基多方劝说，他才勉强随行。所以，他给夫人周氏的书信说："吾为中丞所强，劫束武昌。寇去甫十余日，官衙民舍，悉被焚毁，公私荡然。……以防守湖南之功，奏保知县、加同知衔，虽已固辞，然其意则可感矣。"①

左宗棠在湖南幕府内仅三个多月，就官加七品知县，还附加个"同知衔"，即名义上加了个同于知州的五品虚衔。虽然他再三拒绝接受，最终还是承认了这个职衔。左宗棠很爱面子，和他同龄的胡林翼早已是四品知府，曾国藩是二品大员，江忠源是正三品的按察使。胡、江和他同岁，曾国藩只大他一岁。况且胡林翼早在三年前就是知府，再过两年便升为湖北巡抚。

所以，现如今授之七品县官，确有讽刺之嫌。但是，仅干了三个多月的幕僚就升为知县，升得确实也够快。因此，他给夫人的信中还表示对张亮基的"感激奋发"。

古历二月初二，是龙抬头的日子。

张亮基总督、江忠源按察使、左宗棠县令加师爷一行进入武昌城总督衙门。湖北巡抚广东花县人骆秉章、布政使湖南溆浦人严正基等，都是两湖知名的干员。

这个班子很强硬。

他们凑在一起，修缮被毁的城墙、筹集饷项、抚恤难民、开市通商、治安保民，干得风风火火。

其中，最忙的还是左宗棠。他感激张总督的知遇，上述各事，无一事不亲自部署，不从头到尾过问。

武昌为数省通衢，水陆要冲。战争中的各种文件如雪片纷飞，张亮基、骆秉章都极为信任左师爷，都愿做甩手掌柜。

左宗棠一人忙活，从天不亮到深夜，仍然忙不出头绪。

十天后，即公历1853年3月19日，传来了大家最不愿听的消息：太平军攻破南京，打死钦差大臣两江总督陆建瀛、江宁将军祥厚、副都统霍隆武。

闻此消息，左宗棠决意急流勇退，辞职还乡。

但湖北的长官离不开他，每事都要让他拿主意，他也不好立即放手

---

① 《左宗棠全集》，第15册，第260页。

归去。

接下来是通城刘立简起义，崇阳、嘉鱼会众闹事。左宗棠与江忠源商量后，出师平定了这些暴动。

太平军奠都南京后，派出部队北伐和西征。清政府把江忠源调离武昌，到急要之处与太平军作战。骆秉章也调为湖南巡抚。

为阻止太平军溯江西进，张亮基赶赴黄州，在田家镇布防，左宗棠随营东赴田家镇。待太平军进攻田家镇，左宗棠调董玉龙、张曜孙两部与战，大战三日，击退来袭之敌。古历九月四日，张亮基奉调山东巡抚，吴文镕接任湖广总督。

左宗棠趁机向张亮基辞行。张亮基仍劝其同赴济南，但左宗棠却说，朝廷把大人调来调去，我跟着大人跑来跑去不仅劳累，也感到难堪。张亮基无奈，只得放行。

左宗棠在武昌结识了幕友王柏心，王曾做过林则徐的幕僚，二人相处，极为融洽。王柏心见左宗棠决意返乡，他也请求与之同行。

九月六日（10月6日），二人辞别了张亮基，登船返湘。舟过湖北监利，此处有王柏心的故园"苎园"，停舟盘桓数日。左宗棠在苎园见到了王柏心数十种议论国家大事的著述，方晓王乃有远见有谋略的大家。王左二人目睹时艰，皆有怀才不遇之叹。

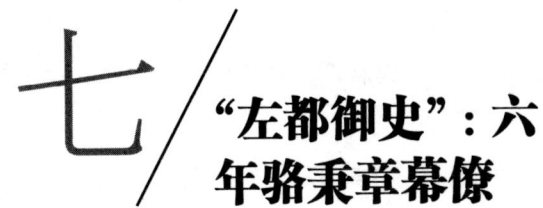

七 "左都御史"：六年骆秉章幕僚

从1854年二度出山做湖南巡抚骆秉章的幕僚，至1860年遭湖广总督官文等陷害被迫离开长沙，这六年正是太平军与湘军在长江两岸拼命厮杀之时，骆秉章把湖南重要军政要务全交给左宗棠筹划。左宗棠在这六年中，因骆秉章放权给他，省内大事一任所为，经他裁决，巡抚从无意见。因此，人们戏称左宗棠为"左都御史"；有讽刺者则说"湖南是幕友当权，捐班用命"，笑话他是捐班出身。

史家却认为：左宗棠的将来之大功，全赖这六年的幕僚历练和积累。即"生平功业，权舆于此"，其"宏才得展，实自入湖南巡抚幕始"。

所以，左氏六年湘幕，于当时斗争形势和他个人的事业，皆极为重要。

左宗棠与王柏心分手后，于九月二十二日抵湘阴县城，第二天便又去了东山白水洞隐居。

那时太平军的西征节节胜利，湖南、江西、湖北等地连连告急。

湖南巡抚骆秉章听说左宗棠回到东山白水洞，立即派专差带着礼物和亲笔信往请。但左宗棠坚决拒绝，此时给朋友的信件也皆表示，此后埋名隐姓，匿迹销声，不再理世间纷乱之事。所以，骆秉章几次派人来请，都失望而回。

接着，骆秉章又让新任安徽巡抚江忠源请之。江忠源也怕遭拒，便写信给郭嵩焘，让郭劝说，信中说："季兄天下士，归伏梓木洞（实际上左住白水洞、郭住梓木洞——引者），固于我楚有益，忠源欲要赴皖省，未敢启齿。弟为我代探之，非为忠源而来，为天下而来也。"郭嵩焘奉兄弟之命说之，左未应命。江忠源认为这样的人才不出山太可惜，又写信苦劝，左仍未答应。

接下来，"团练大臣"曾国藩、知心好友胡林翼都请他再度出山，他都坚决拒绝。

还是胡林翼请他做张亮基幕僚时说得对："设楚地尽沦于贼，柳家庄梓木洞其独免乎？"左宗棠咬紧牙关龟缩白水洞，但太平军的进攻势头却一日千里，让他在白水洞待不下去了。

看看1854年年初几个月的大局吧：

1月中旬，太平军攻占庐州，江忠源全军覆没，本人受伤投水自杀。

1月中旬，太平军西征军大举攻入湖南。

2月中旬，太平军攻克湖北黄州，湖广总督吴文镕战死。

2月中旬，太平军攻克汉口、汉阳。

2月下旬，太平军攻克岳州。

3月初，太平军攻占左宗棠的老家县城湘阴。

江忠源是新任巡抚，吴文镕是新任总督，二人的新顶戴还未焐热，就死于非命。湖南、湘阴，是左宗棠的"桑梓"，现在"桑梓"陷入敌手，以保卫桑梓为己任的左宗棠在白水洞是否还能隐得下去？

接着又传来消息：太平军张贴布告，通缉做过湖南幕僚的左宗棠，并说要入山搜捕他。可见，有人向太平军报告了他的隐身之处，也报告了他守长沙、镇压地方起义者的"罪行"。

左宗棠听后，先是害怕，惧怕一家老小被搜出，被杀害。后是愤怒，愤恨太平军不让他过安生日子，并且打死了他的好友江忠源。

其间，好友王柏心也写信捎来，信中还赠他一首律诗[①]：

[①] 左景伊：《左宗棠传》，第61页。

> 武库森然郁在胸，归来云壑暂从容。
> 人从方外称司马，我道山中有伏龙。
> 多垒尚须三辅戍，解严初罢九门烽。
> 何当投袂平妖乱，始效留侯访赤松。

诗意赞左氏胸罗兵书，乃可建功立业之大人物，如今卧伏山中，莫如早日出山，功成之后再如张良那样归隐为好。

众朋友的劝说、形势所迫，尤其是自己被太平军通缉，身家性命所关，迫得左宗棠二度出山。

白水洞是待不下去了，他真怕太平军前来搜捕。于是，先是护送家眷走湘潭，但湘潭已陷入太平军之手。他只好把家人安排在辰山避难，自己则带着女婿陶桄去了长沙。

来长沙的目的本就是投奔骆秉章，因为他再也无路可走，何况骆秉章已数度派人请他出山。但史书众说纷纭，主要照顾老左的面子：三顾茅庐不出山，如今却自己送上门来。实则，人的行为反常，乃时势所迫。老左在白水洞住不下去，湘潭、湘阴都被起义军占领，他还能到哪里去？

从此他便决心从军，全力以赴，一展抱负。

他二度入湘幕是咸丰四年三月初八（1854年4月5日）。

左宗棠一进长沙便遇上湘军战史上的关键之战：靖港大败，湘潭大胜。这与左宗棠的参与意见，关系很大。

当时曾国藩的湘军已在衡阳练成，有陆师、水师一万七千余人，曾氏传檄出师，始与太平军正面作战。曾国藩被排挤去衡阳练兵，初入长沙城，正好是左宗棠二度出山，入湖南幕之时。

当时，太平军攻势正盛，长沙周围的城镇皆为之占领，长沙已被四面包围。

曾国藩在长沙召集军事会议，讨论破围之策。当时讨论的焦点是主攻靖港，还是主攻湘潭。当时曾国藩的手下大将，陆师将领以塔齐布为首，在湖北作战，闻长沙告急，正在回援的路上。参加会议的主要是水师诸将如彭玉麟、杨载福、褚汝航等。水师攻击作战，自然要发挥兵船的作用，所以水师将领主张攻击长沙城北的水陆码头靖港。何况，靖港也是太平军的重兵大营所在，一举攻破靖港对打击太平军西征军，解长沙之围，有着重要作用。

左宗棠虽初来长沙，又是一个文人，却不同意进攻靖港，而主张先进击湘潭。他的理由是，湘潭乃长沙的后路，攻取后路，即使长沙不守，还可以退守衡阳，徐图反攻长沙。若攻靖港，太平军从后路夹击，将会首尾难顾，腹背受敌。

当时的曾国藩毫无战斗经验，听左宗棠这么一说便没了主张。

彭玉麟等人表示：左宗棠畅晓军机，所见甚是。

曾国藩听了左宗棠的意见，当即命令：水师将领率水师五千，于明晨沿湘江南下，进攻湘潭；他自率五千水陆军随后跟进。并命来援的塔齐布由增援宁乡，改攻湘潭，派人快马传令在途中的塔齐布。

左宗棠二度出山的第一个意见，就扭转了当时的重要局面，也在靖港惨败下救了初次作战的曾国藩和湘军。

曾国藩分派了攻打湘潭的作战任务，前锋五千人向湘潭进发，他也作好了第二天凌晨出发的一切准备。但那天半夜里，忽有靖港报告，说那里的"长毛"仅有五百余人，并无作战准备，若派兵前往，必然轻易取胜。曾国藩很希望打个胜仗，给长沙文武看看，因为从练兵以来他一直受人歧视。靖港是湘江上的水陆要冲，攻下靖港，切断太平军进攻长沙的要道，孤立湘潭，不失为一步好棋。

于是，第二天凌晨他率五千军队向北出发，想打下靖港再回师进攻湘潭。

结果，他收到的是个假情报，一进靖港便中了埋伏，一战而败，五千新练湘军皆无实战经验，顿时四散而逃，溃不成军。他两次跳水自杀，皆被手下救出。回至长沙也不便入城，待在江边座船里。

曾国藩逃回到长沙城外，不吃不喝，万念俱灰，只想一死了之。他命令弟弟曾国葆买来一口棺材，停放在江边，还给皇帝写了遗折。

正当他想着如何死法时，曾国葆猛然推开座船的舱门高喊："大哥！湘潭水陆大胜，十战十捷！"随后送上了塔齐布的亲笔告捷书。

原来，占领湘潭的太平军将领林绍璋、石祥祯等麻痹大意，部队纪律也很差，没想到湘军会突然进攻，被断绝后路，成了孤军。主将尽皆不知所措。

而进攻湘潭的首先是湘军精锐塔齐布，他接到曾国藩命令很快攻到湘潭城下，随后彭玉麟等率领的五千水师也顺流到达。

湘潭之战自四月初一（4月27日）至四月初五（5月1日），经六天大战，太平军阵亡万余人，溃逃万余人，船只被夺两千余只，是自起义三年多来最大的一次失败。

对湘军来说，是成军以来的第一次大胜仗。

所以，这次战斗是双方军事冲突的一个重大转折点。自此战后，太平军西征军由胜转败，而湘军之声望大震。

滑稽的是，与湘潭大战同时的靖港之战却败得很惨，曾国藩如果再晚一些接到湘潭的报捷，怕是真要命丧湘水了。

当时由于两战同时进行，皇帝得到的是湘潭大捷的奏报，立即传旨嘉奖，给曾国藩调遣指挥湖南文武官员和军队的大权，根本上改变了他的政治地位。因此，靖港之败，被湘潭大胜掩盖，成为湘军史的一大绝密。直到曾国藩死后，亲自看到曾国藩投水的幕僚章寿麟作了《铜官感旧图》，左宗棠、李元度为之作序，铜官渡就是曾国藩靖港兵败投水自杀的地方，那以后靖港之败的真相才为世人所知。

左宗棠、李元度、章寿麟是靖港战斗的知情人。李元度是曾国藩的知交和湘军初建元老，但他在曾国藩最困难时背叛了他，裹挟军饷逃走，被曾国藩弹劾罢官。

因此，曾国藩死后，李元度为《铜官感旧图》写序揭露之。

左宗棠也是知情人，他也为之写了序①。

在曾国藩灰心丧气欲轻生时，左宗棠来到他的座船，从国家的大局、父亲的嘱托、湘军的局面、兄弟朋友的期望等多方面激励之，言称其如果撒手而去，将是不忠不孝不仁不义之辈。劝他不要因一次兵败就从此灰心，大丈夫应有立德立功之大志，将来挫折还多着呢！

曾国藩在他的劝导下，才放弃了轻生之念，随后便传来了湘潭大捷的喜讯。

左宗棠如此劝导曾国藩，后来却又以见证者身份写序证明其兵败欲自杀的丑闻。

论者对左宗棠当时攻打湘潭的建议评价甚高，似乎那就是孔明的神机妙算，让湘军攻湘潭一战成名。

实则孔明是赤壁等战争的指挥者之一，他为那些战争的胜利谋策划略，而左宗棠只是一句话的建议，他也未言打靖港必败，如有此言，阻止曾氏攻靖港，那才是关键。当曾国藩大军北行欲攻靖港之时，他就在旁边，为什么不去劝止？

何况，战争由形势和诸方面因素所决定。若湘军全军攻靖港，稳扎稳打，未必不能取胜。曾氏听信假情报，贸然偏师轻进，这才遭到了失败。当时的主要将领塔齐布、彭玉麟等都去了湘潭，而湘潭的太平军主帅林绍璋、石祥祯的军事才能有限，又是孤军深入，麻痹大意，才被湘军精兵良将打败的。②

左宗棠初入骆秉章幕，以为骆秉章不尽信他，他在给郭嵩焘的信中说："弟自居湘幕，骆文忠初犹未能尽信。一年以后，单主画诺行，文书不复检校。"

那时他已决定留在湘幕，除此处外他也无地可去。为让骆秉章对他言听

---

① 《左宗棠全集》，第13册，第268-271页。
② 湘潭、靖港战役详见拙著：《曾国藩大传》，第十三、十四章，团结出版社，2008年版。

计从，他的办法是要求辞职，骆秉章是个无办法、无心计之人，他害怕左离他而去，只好再三挽留，并表示放权给他，大事小情皆听之。既取得如此允诺，他才表示留下，骆秉章也实现诺言，才出现他给郭嵩焘信中所言：在湖南省署中，他一人"主画诺行，文书不复检校"，即骆秉章不去检校他的文书，照他说的办就是。

在镇压太平军的长期战斗中，湖南出了一大批文武人才。因与太平军作战的主力是湘军，所以文武人才多在湘军之中。湖南省幕，有左宗棠一人在，文员再无人才。但湖南地方治安没有武员不行，左宗棠便为骆秉章网罗大将。但武将也多随曾国藩而去，左宗棠为得到大将，不惜招降纳叛，在湘军将领中挖掘，王鑫便是一例。

王鑫是湘军大将罗泽南做乡村教师时的得力大弟子，湘军大将李续宾、李续宜、蒋益沣、杨昌浚等同是罗泽南的弟子。

曾国藩组建湘军之初，王鑫便是最主要的将领之一。衡州成军后，湘军陆师初编五千人，由塔齐布、罗泽南、邹寿昌、周凤山、储政躬、曾国葆、朱孙诒、邹士琦、杨名声、林源恩十员大将各领一营，湘军以营为单位，每营五百人，恰是五千人。

但是，在衡州整编之前，王鑫率领的湘勇已达到两千四百多人，号称六营。这次整编，曾国藩让他缩编为三营共一千五百人，余下的部队编入大队，这三营由他统带。

但王鑫极不服气，开始与曾国藩闹气，并且率领自己的军队离开湘军去了长沙。

曾国藩也率领全军去了长沙，水陆军全扎在城外。

此时，太平军西征军石祥祯军抵宁乡，遇储政躬前锋，经小战太平军便放弃战斗，退向湖北。不久，林绍璋率兵到来，遂合兵攻占咸宁、蒲圻。

曾国藩则派塔齐布、林源恩二部进攻通城，与骆秉章相约，合攻蒲圻。

骆秉章便让刚到长沙的王鑫回师，与塔齐布、林源恩一同进攻太平军。

王鑫率三千军队行至羊楼峒，与太平军遭遇。王本来是负气离开湘军的，这次又要回来与湘军会攻太平军，因此心绪不宁。一与太平军遭遇，便转身逃跑，急忙进入才为太平军主动放弃的岳州城。太平军尾追而至，包围了岳州。

曾国藩闻王鑫被围，急催水师援岳州。太平军转而与湘军水师大战，王鑫应该合军攻击太平军，但他却趁机逃走，结果千余人被歼，丢了岳州城。太平军又乘胜占领靖港、湘阴、宁乡，对长沙形成钳制之势。

这就是湘潭、靖港大战前的形势。

这种不利形势，王鑫应负主要责任。

一个率兵数千的大将，先是不服整编，自率部队背离大营而去；接着又犯了逃跑大罪，丢城丧师，造成战局不利。在湘军初战之时，王鑫之罪，足够斩首军前的。

但是，由于在靖港打了败仗，由于湘潭取得了大胜利，也由于王鑫已经背离湘军，跑去了长沙，所以，曾国藩没有要求骆秉章整治他。只是给骆秉章写信，说王鑫不听他的将令，携军自行离队，他是不能再要这等不听指挥的将领的。并劝告骆秉章，如果听任王鑫自成一军，必须奏明圣上再办，时局如此，千万得严明纲纪军令啊。

如今，左宗棠出现在王鑫的面前。

他不去追究王鑫的军中大罪，却反而大加赞扬王的才干和谋略，并说骆巡抚正在用将之时，你留在长沙，巡抚大人会宽待重用的。

一席话说得王鑫泪流满面，把左宗棠看作知己。后王鑫脱离湘军，自为一军，附于湖南巡抚治下，成为守卫长沙的武装力量。

自湘潭战后，湘军的力量大盛。曾国藩在长沙再度整军，淘汰了在靖港战役中逃跑的团丁，充实塔齐布、罗泽南、彭玉麟、杨载福的水陆各师，仅塔齐布一军就达到七千余人。湘军总数有水陆各二十营，总兵力达到三万余人。而后克岳阳、围九江、略田镇、夺回武汉，湖南的太平军皆被湘军打败，全省肃清。

湖南省文有左宗棠，武有王鑫，骆秉章把一切军政大权交给了左宗棠，自己乐得轻松。有人评论左宗棠"自刑名、钱谷、征兵、练勇,与夫厘金、指输,无不布置井井,洞中机要"。骆秉章每遇公事则说:"问季高先生,公可亦可,公否亦否。"①

一次,巡抚辕门发炮,骆秉章惊问:"何事?"属下告诉:"是左师爷发军报拜折!"②按规矩,向皇帝发奏折,一定是巡抚主持,骆秉章对如此大事,也听之任之,可见左氏此时的权力之大了。

而左宗棠的揽权,对湘军的粮饷供应却有着极为重要的作用。

太平军的西征军连遭失败,杨秀清急令在皖南作战的石达开、在江西作战的罗大纲赴前敌增援,石达开成为西征军的主帅,从而扭转了西征战局,给湘军造成了极大的困难。

咸丰四年十二月中旬湖口一战,几乎全歼湘军水师战船,随后沿江西进攻,黄梅、广济、蕲州、黄州、武汉,在一个月内全被太平军夺回。

九江连攻不下,主将塔齐布"呕血而亡"。而后,石达开对曾国藩的江西湘军发动了凌厉攻势,攻陷湘军所驻扎的重镇瑞州、临江、袁州、吉安、樟树镇,到咸丰五年二月底,江西的十三府,被太平军攻占八府五十四州县。

此时,曾国藩处境极为困难,他被困在南昌、南康两地,周围被封锁,"士饥将困,窘若拘囚"。不久,又得知罗泽南死于进攻武昌的战斗中。

此时,突然发生石达开被调离江西之事,太平军西征主帅和主力部队调离,曾国藩才松了一口气。他重整旗鼓,集结残部,合军达二万余人。

然而,曾国藩苦战江西,江西地方却极力排斥他,不仅不供一枪一弹、一钱一粮,反而痛下杀手,迫害湘军将领。如塔齐布死后,骁勇善战的毕金科为统帅。该军粮饷得不到供应,江西巡抚文俊以军饷为诱饵,让他攻击重镇景德镇。毕金科无奈,率领几天未吃饭的军队进攻景德镇,结果造成全军

---

① 朱孔彰:《中兴将帅别传》,第51页。
② 《清朝野史大观》(三),第7卷。

覆没。

在这极为困难之时，幸有湖南为之助饷增兵，才勉强维持。

这便是左宗棠的功劳。

自湘军东征进入江西，虽然离开了湖南，但左宗棠却一直全力为之供饷，为之募兵增援。这一点说明左宗棠此时已认准湘军才是太平军的死对头，只有让湘军不败，湖南才有希望，他左宗棠也才有希望。因为左宗棠此时早已成为太平军的死敌，洪秀全、杨秀清、石达开等皆知其名，都欲置之死地而后快。

这种尖锐的敌对关系，让左宗棠瞄准为湘军供饷的目标，开源节流、整顿吏治、改革税务、裁汰冗员、打击中饱、加收厘金，把大批粮饷、船只、衣物、枪械，源源供之。

在湘军困守江西时，左宗棠又在湖南组织了刘长佑一军，合江忠淑、萧启江军，总计五千人①，由湖南进入江西，给曾国藩有力支援。

由于左宗棠的援助，湘军得以坚持，并再度复活。曾国藩感激他的援救，为左宗棠上疏请功。咸丰帝下旨：

左宗棠以兵部郎中使用，赏戴花翎。

郎中，仅是一个虚衔。六部尚书、侍郎之下，皆有大批属员，其中司务、郎中、员外郎等皆属办事属员。而外员被赏此职，不能到六部去任职，纯为表扬性的虚衔。但是，左宗棠大力支援湘军，毕竟受到了皇帝的封赏。

---

① 朱孔彰：《中兴将帅别传》，第42-43页。

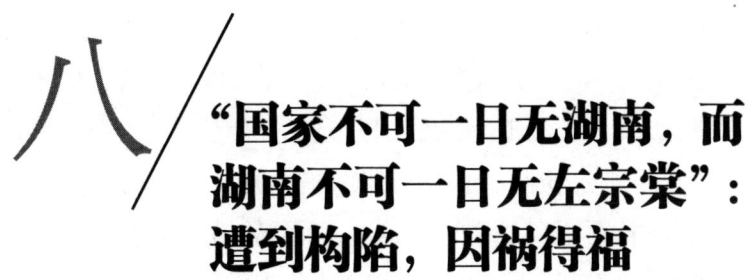

八 "国家不可一日无湖南，而湖南不可一日无左宗棠"：遭到构陷，因祸得福

左宗棠遭湖广总督官文、湖南永州总兵樊燮构陷一事，史书说法纷纭。朱孔彰的简要记述是：

> 会劾永州总兵樊燮骄居罢官，构于总督，指目公，布政使亦阴助樊燮。总督疏闻，召公对薄武昌，欲加不测之罪，骆公疏争之不得。于是湖北巡抚胡林翼、侍郎曾文正公上言公无罪，且荐公才可大用，事遂解。……至遭谤毁，悒悒不得志，诣胡公、曾公等，愿以偏将自效，曾公深慰之。无何，朝廷竟起用公，诏询曾公，曾公奏公刚明耐苦，晓畅戎机……遂赏四品京堂，命募军东征。①

朱孔彰可以说是当事者。他在十九岁时就投奔曾国藩军营，"曾氏奇其才，留于营内"。后来受曾国藩命襄校江南官书局，淮南、江楚编辑局，江南通志局。民初为清史馆协修。以他阅读的史料，所著自然可信。所以，前面所引，应该是左氏受陷的真实情况。

根据朱孔彰的记述，樊燮诬告左宗棠，原因是樊燮被弹劾，而樊燮又向湖广总督诬告左宗棠，这才发生了这样的案子。

樊燮因何被弹劾，他为何又"构于总督，指目公"？其中事出有因。

---

① 朱孔彰：《中兴将帅别传》，第51页。

原来弹劾樊燮的是骆秉章,而提供樊燮罪行材料的人便是左宗棠。

樊燮当时已恶名昭彰,以左宗棠几年来与长沙官佐等人的接触,对樊燮早已知之甚多。如说:他违规以武职不骑战马,偏坐轿子,而且乘坐八抬大轿,连检阅新兵训练都坐在轿子里观操;总兵所管二千名士兵,分布在各处,留在永州的四百余名,但实际仅有二百多名,他从二百名中抽调百人作他的家奴院工,什么都得干,连樊燮姨太太的衣服都让士兵洗弄;如今湖南财政吃紧,士兵的饷钱本就凑不够,可是省库给总兵发的月饷大都被樊燮私用了,弄得士兵饿肚子,下级军官也敢怒不敢言。湖南地方治安要靠总兵维持,如今樊燮军心已散乱,哪还有一点战斗力?

以左宗棠的性格和当时的形势,他哪会容这样的军官作威作福,贪污而破坏地方军队的战斗能力?省库的银子是左宗棠挖空心思攒起来的,哪能让这只大耗子不断吞食?

于是,他和巡抚大人商量,赶紧把这只硕鼠灭掉。

但是,要弹劾樊燮也非易事。永州知府黄文琛已多次上告他,案卷积在省里一大摞,其中桩桩是实,也没告倒他。原因是湖北省城有他的靠山,湖广总督官文是朝廷安插在长江流域监视汉族地方官的,官文就是他的靠山,官文的爱姬是樊燮的亲戚。动一动樊燮,官文暗中弄鬼,弄不好连湖南巡抚的顶子也保不住。

但是,樊总兵的罪恶太大,明目张胆,单是违例坐八抬大轿一事,按法就该砍头。这种作威作福实在让左宗棠受不了,何况天天在打仗,湖南弄点银子发给总兵大人,竟让他全都私吞了,这更让左宗棠忍不下去啊。

参他!左宗棠翻翻樊燮的旧案卷,又派人暗中核实。仅挪用军饷一项,有据可查者千余两,铜钱三千余串,官米折银更多。

骆秉章签了押,上奏弹劾。

咸丰八年(1858年)四月,弹劾的折子有了下文:由皇帝批复,将樊燮押赴长沙审理。先行将樊燮罢了官,待审理实况,据案情再定罪。

樊燮被罢职后,心中不服,竟向上级衙门反控了左宗棠。

从骆秉章的史料看，"有人唆耸樊燮在湖广递禀，又在都察院呈控永州府黄文琛商同侯光裕通知在院襄办军务绅士左某，以图陷害"①。

当时，永州知府黄文琛因公事去岳州，恰巧骆秉章到此巡视。黄文琛是其下属，便到巡抚行辕相见，汇报了永州的一些情况。事后有随黄文琛同行的永州府佐官透露了这一情况，可能谈话时也涉及了樊燮案子。樊燮的幕僚魏龙怀为之出主意，认为骆秉章幕中有个左宗棠，只是个举人出身，却在巡抚衙门说了算，人称"二巡抚"，如果向他走走门路，肯定案子可撤销。

当时，樊燮虽被罢了职，但有官文作后盾，尚未受审查，案子还悬着，他仍逍遥法外。于是，他便去巡抚衙门找左宗棠。

二人见了面，都犯了牛脾气。樊燮骄纵成性，虽有案子在身，却以为一个师爷没啥了不起，便只是打个招呼，以待进一步说话。而左宗棠对他早知底细，对这位贪污有据、无法无天的落职总兵，一见便来气。左宗棠怒目相向，大声说："武职见我，都要请安，你不请安，何必来见！"樊燮也立时发怒："哪有总兵官向一个小小举人出身的幕僚请安的规矩！"

左宗棠最不愿听举人出身这句话，一下站起，冲上去挥拳就打，左右拦住两人才未曾交手。

历史记载还有一说，是樊燮案子未曾发生时，他去见巡抚大人，只向巡抚请安，左宗棠动怒，大骂樊燮。

事后，樊燮去找湖广总督官文，同时又向都察院递告知府黄文琛同左宗棠一起陷害他。另有湖南布政使文格也不满左宗棠的平日作为，阴助樊燮。《骆秉章自订年谱》和王闿运《湘军志》，都记载了布政使助樊燮控告左宗棠一节。这正好与前引朱孔彰《中兴将帅别传》文相符合。

樊燮、左宗棠、黄文琛被牵到案子里，也都不算大事。如果在平常，这等案子由下面打点，地方官向上打个报告就算了结。即使是樊燮的贪侵和威福，各地方文武比比皆有，也不算大事。

---

① 《骆文忠公自订年谱》，第1卷，第22–23页。

但是，当时汉族势力在长江流域崛起，皇帝本来不放心，官文便是皇帝的耳目。因此，樊燮案子发生，左宗棠一个文案师爷居然有这般大的权力，就引起官文、文格等满员的极大不安。于是，他们借此案，借左宗棠大做文章，打击重点却是骆秉章、胡林翼、曾国藩这些崛起的汉员。

于是，官文等人撇下樊燮的犯罪事实不管，却针对左宗棠列举罪状，拜折参奏。当时弹劾左氏两大罪状：一是湖南著名"劣幕"；二是湖南巡抚衙门"一印两官"。这两大罪状实为一个，而落实一个也够杀头了。意思是湖南巡抚里出个左宗棠，他越权干政，飞扬跋扈，巡抚的一颗大印，有两个巡抚在用。

官文的弹劾极其阴狠，他虽明指左宗棠，实则阴指湖南地方已为汉人把持，一个师爷可以用巡抚大印，一个师爷可以不把总兵放在眼里。大权如此旁落，满洲的江山可要变颜色了，即使太平军被他们汉人灭掉，江山却还是落到他们手中啊。

对曾国藩等极不放心的咸丰皇帝一见官文上的奏折，立即引起了警觉。于是下令官文密查，"如左宗棠果有不法情事，可即就地正法"[①]。

官文的奏折是密折，咸丰下的也是密旨。官文得旨，立即把左宗棠逮到了武昌。原想简单查一下，就地杀了再说。

官文接到的谕旨，是让他与正在武昌主持乡试的考官钱宝青一起查办。一定是钱宝青透露了信息，湖北巡抚胡林翼赶紧出面斡旋，但一时无功。情况十分紧急，如左宗棠家书所言："官相（指官文）因樊燮事欲行构陷之计，其时诸公无一敢言诵其冤者。"[②]

实则，当时官文所奉者为咸丰"密旨"，别人明知也不敢言，"密旨"乃一级绝密也。何况以官文的身份地位，两湖域内，他就是"出京之君"，其他官员没有说话余地。

---

① 薛福成：《庸庵笔记》，第1卷，第22—23页。
② 《左宗棠全集》，第13册，第63页。

情况万分紧急，胡林翼、曾国藩、骆秉章等人着急，一面纷纷上奏，密保左宗棠；一面飞马京师，让京中的郭嵩焘等人火速设法救援。

当时郭嵩焘以翰林身份在南书房供职，他闻讯去找肃顺的"西席"（即家庭教师）湖南名士王闿运求救。当时肃顺是满人亲贵中唯能任用汉官者，以为救大清朝者，满人已无能为力了。他也了解左宗棠的一些情况。但是，他知道此案已由皇帝发下密旨，自己不好再说话，便告诉王闿运，赶快找人向皇帝上折，他好从中帮助说话。

于是，王闿运与郭嵩焘商量，请侍读学士潘祖荫出面写折营救。潘祖荫与郭嵩焘同是南书房的翰林院编修，二人关系也好，郭知其文采卓越，写个救人折子，足可打动皇帝。

郭嵩焘向潘祖荫说："左君去，湖南无与支持，必至倾覆，东南大局亦不复可问。"①又详细说明了左宗棠在湖南的地位。他向潘祖荫交代的这两句话，便是潘祖荫奏折的精神，潘祖荫拯救左宗棠的奏折，成了当时的名折，不仅救了左宗棠，也使潘祖荫出了名。

潘祖荫奏曰：

骆秉章调度有方，实由左宗棠运筹决胜，此天下所共见，而久在我圣明洞见之中也。……是国家不可一日无湖南，而湖南不可一日无宗棠也。宗棠为人，负性刚直，疾恶如仇。湖南不肖之员，不遂其私，思有以中伤之，久矣。湖广总督官文惑于浮言，未免有引绳批根之处，宗棠一在幕举人，去留无足轻重。而楚南事势关系尤大，不得不为国家惜此才。②

这便是救左宗棠之命奏折中的精彩段落。事后人们称颂这个奏折可传颂千古，尤其是"国家不可一日无湖南，而湖南不可一日无左宗棠"，被称为

---

① 《左宗棠年谱》，第70页。
② 《潘文勤公奏疏》，第25–26页，《奏保举人左宗棠人才可用疏》。

"千古佳句",有此两句话,千万称赞左宗棠的话,都显得多余了。"久在我圣明洞见之中","不得不为国家惜此才",有了这两句,咸丰皇帝就可以堂而皇之改变已发的密折。真是妙极了!

潘祖荫一折出名,救了左宗棠,让左氏独领一军,又救了清朝。后来,他又一折参倒骄将胜保,再一折保护了恭亲王,使他飞黄腾达,由一侍读直升为侍郎、尚书、军机大臣。死后以"文勤"谥,足见其以"文"名世。此是后话。

当时,与潘祖荫前后呈览的折子一大堆,尤其是湖南、湖北的保奏折子如雪片般飞至。

胡林翼先后数折,称左氏"精熟方舆,晓畅兵略","名满天下,谤亦随之"。曾国藩折称:"左宗棠刚明耐苦,晓畅兵机。当此需才孔丞之时,无论何项差使,唯求明降谕旨,俾得安心任事,必能感激图报,有裨时局。"①肃顺是被咸丰帝倚重的军机大臣,也趁机向咸丰口奏左氏"赞画军谋,迭着成效","人才难得,自当爱惜"。

骆秉章更是连连上折,不仅为左宗棠摆功,而且把樊燮的案卷上缴军机处,让军机处查核,上奏皇帝,以为左公辩护,同时让皇帝下旨以结左、樊之谳。

官文看到因加害左宗棠,以镇压两湖地方的汉员势力,结果弄成如此局面,也赶紧见风使舵,上奏"与僚属别商,具奏结案"。即自动销了由他主控左宗棠的案子。

再说这前后左宗棠的表现。

当他因燮案而反被控,遂解武昌,因诸公拯救未成事实之际,乃觉心灰意冷,决定"奉身暂退",向骆秉章坚辞,欲赴京参加当年的会试。骆秉章知其去京危险,又不便说明根由,但留之不下,左宗棠也真的驰马北行。

但是,他牛脾气发作,怒离长沙后,又四顾茫然,不知如何是好。他踯

---

① 《左宗棠年谱》,第71页。

躅徘徊，先去了老家祭扫祖墓，而后北行，咸丰十年三月，即离开老家两个多月后，才行至襄阳。他想去见胡林翼，此时胡正在丁忧期间，欲出面接待他，夫人陶氏（陶澍女）劝阻，认为左公性子偏激，不便出面，怕惹出横祸。胡公只好给驻守襄阳的安襄郧荆道员毛鸿宾写信，要毛堵住左宗棠，阻止他前往京师。与此同时，老友王柏心也派人去襄阳劝阻，让他忍忍性子，去投奔曾国藩或胡林翼。

左宗棠在襄阳见到胡、王的亲笔信，便打消了去京师的念头，沿江东下，先去英山胡林翼兵营，待胡解除居丧，又与胡林翼一同去了宿松曾国藩湘军大营。

回头再说咸丰帝对左宗棠的处置。

当"樊燮事件"未发生前，咸丰先后已阅过曾国藩、胡林翼、骆秉章、御史宗稷辰等人的推举，对左宗棠的才干已有所闻。但同时也耳闻左宗棠其人"与人寡合，难以位置"①。在曾国藩保奏之后，下旨"以郎中分发兵部行走"，但考虑到他的牛性子，让人难以配合，又让骆秉章认真考察之后再说。

而当"樊燮事件"发生后，咸丰帝绝未想到一个左宗棠弄得两湖和京师震动，这么多高官出面保奏，尤其是潘祖荫的折子，实让皇帝动容。看了众多的疏奏，他才理解了那两个"不可"的实在意义。当今发生的洪杨大乱，八旗、绿营一败涂地，是湖南的湘军真正替他担当了抵御之责。没有湖南人的抗击太平军，清朝也许真是一天也存在不下去了。而湖南的一个左宗棠，竟然力供湘军饷械和兵源，湖南周围各省的战斗，也是左宗棠在兼而顾之，因此也确是湖南不可一日无左宗棠啊。

咸丰帝至此，不能不顾盼此人了。于是，咸丰帝召见郭嵩焘，询问左宗棠的情况。

咸丰八年十二月初三日（1859年1月6日），君臣在养心殿西暖阁见面，

---

① 《左宗棠年谱》，第59页。

对话如下：

问曰："汝可识左宗棠？"

对曰："自小相识。"

问曰："自然有书信来往？"

对曰："有信来往。"

问曰："汝寄左宗棠书可以吾意谕知，当出为我办事。左宗棠所以不肯出，系何缘故？想系功名心淡。"

对曰："左宗棠亦自度赋性刚直，不能与世合。在湖南办事，与抚臣骆秉章性情契合，彼此亦不肯相离。"

问曰："左宗棠才干怎样？"

对曰："左宗棠才极大，料事明白，无不了之事，人品尤极端正。"

问曰："左宗棠多少岁？"

对曰："四十七岁。"

上曰："再过两年五十岁，精力衰矣。趁此年力尚强，可以一出任事也。莫自己糟蹋，须得劝一劝他。"

对曰："臣也曾劝过。他只因性刚不能随同，故不敢出。数年来却日日在省办事，现在湖南四路征剿，贵州、广西筹兵筹饷，多系左宗棠之力。"

问曰："闻渠意想会试？"

对曰："有此语。"

上曰："左宗棠何必以进士为荣，文章报国与建功立业所得孰多？他有如许才，也须一出办事方好。"

对曰："左宗棠为人是豪杰，每言及天下事，感激奋发。皇上天恩如能用他，他亦万无不出之理。"①

恰在此时不久，左宗棠到了曾国藩宿松大营，曾国藩劝他出而募兵，与湘军合作，镇压太平军。随后即上奏咸丰，言称让左宗棠回湖南募勇六千，

---

① 《郭嵩焘日记》第1卷。又见《左宗棠年谱》，第51页。

以救江西、浙江和皖南。不久，咸丰下旨：左宗棠以四品京堂候补，随同曾国藩襄办军务。

从此，左宗棠结束了多年的幕僚生涯，招募楚勇自带，独成一支军队，走上他真正的以战功立业的道路。

此外再交代一下樊燮。

左宗棠受命募兵从征，樊燮则被革职，永不叙用。他只好带着家眷和二子回到原籍湖北恩施，告诫二子："左宗棠以一捐科举人，既辱吾身，亦夺我官，且波及吾先人，视武人为犬马（此处指左在湘幕小视其为武职，辱骂于他）。汝二人不中举人、进士，点翰林，雪我耻辱，死后不得入祖茔。"

然后以重金聘名师为二子授业，将二子置楼上，除先生之外，余不得入读书之室。二子不得着男装，皆以女子衣褥与穿。告之曰："考上秀才后脱女外服；中举脱女内服；中进士、点翰林才允穿丈夫服！"

他又把左宗棠辱他的话刻于木牌，置诸祖宗牌位之下，告诫儿子："举进士，樊木牌，告诫先人，已胜过左宗棠了。"

二子受命，在书案上刻"左宗棠可杀"五字。

后来，樊燮子增祥，于光绪三年中进士、点翰林，外放渭南知县，累官陕西按察使、江宁布政使、护理两江总督，并以诗文留名于世，有《樊山全集》。左樊之争，让樊家发愤成名，为历史留下一段佳话。

九 "得尺则尺，得寸则寸"：在江西的战斗

驻军安徽祁门的曾国藩，打算以两湖和江西兵力与太平军争斗，他指挥湘军全力进攻安徽，而后沿江东下，包抄南京，一举剿灭太平军。

为此，他上奏让左宗棠募集兵员，到江西作战。

左宗棠根据曾国藩的部署，回长沙募兵。他先行请出领兵的将官，再由将官募集军队，由他们自己统带，这和曾国藩当年募集湘军的办法基本一致。不过，曾国藩的将领多是文人，即"书生带兵"。而左宗棠、李鸿章则注重能战，因此不再是书生为将、乡农为勇了。

左宗棠此时是败兴而去，全胜而归，天子诏命的四品京堂，他的长沙募兵可比当年的曾国藩堂皇多了，经"樊燮事件"一闹腾，长沙上下无人不知"左都御史"已成了"钦命"大将。

所以，左氏的选将募兵很顺利。没多久，将佐云集，王开化、刘典、罗信南、崔大光、李世颜、罗近秋、黄有功、黄少春、戴国泰、朱明亮、张志超、张声恒等，一呼即至。

募勇以王鑫旧部为基础，王鑫已战死，其女儿嫁给了左氏的四子孝同。现让王鑫的从弟王开化为首，开化又召来弟弟王开琳、兄长王勋，将旧部整编为一千五百人，使募勇有了一定规模。

随之，诸将皆募得楚勇，全军募足预计人数六千人，定名为"楚军"。"楚军"的名号刚传出，曾国藩听后便不同意，因"湘军"的称呼是后人叫的，当时称为"湘勇"。"勇"与"军"的不同之处，在于军是清朝的"制

兵"，即正规军；而湘勇不是正规制军，只是团练募得的民兵，表示因战争发生，地方召集民兵守护地方，是临时性的，待战争结束即行解散。当金陵被攻破后，湘军也的确被解散了。

但左宗棠从一开始便自称"楚军"。曾国藩仍让左宗棠称"楚勇"，可左就是不听。他说："既然是皇帝让招募，就该是大清朝的军队，就该称军！"

"楚军"的名号响亮，招募起来更顺利。无知者认为左宗棠真是皇帝钦命的大将；有知者明知左氏违背体制，但也没有办法说服他的牛性子和好大喜功。

六千楚军成军后，由王开化总管营务，宁乡刘典和湘乡杨昌濬副之。此三子便是楚军的开河大将。

杨昌濬是罗泽南的部将，罗战死后他回乡隐居。此人精明强干，对人亲和，他跟着左宗棠干了几十年，为之出了大力气。杨为新编的楚军管后勤，当时湖南已被多年兵烽弄得公私尽枯，左宗棠说，他个人可以节俭，但军队不能缺少花销，官兵的饷俸不能少于湘勇。

湘楚等团练军队的饷源朝廷全不负责，曾国藩为筹军饷吃尽了苦头，但湘军的待遇确实很高。绿营虽是朝廷的正规军，但守备部队每兵月钱一两，作战部队每兵一两五钱，骑兵月俸二两。而湘军士兵月俸六两，将领更高，"将五百人者则岁入三千，统万人者岁入六万金"①。

左宗棠也想与湘军一般，但很难做到，多年战争，地方上的钱已枯竭了。杨昌濬苦搜苦刮，才给士兵凑足月钱四两多，这个数也不算少了。每月全军的开销要七八万两，巡抚骆秉章和杨昌濬拼命搜刮，才勉强维持。军饷的困难，让左宗棠感到苦楚，也养成了他的勤俭习惯，使他的"楚军"上下较为廉洁，这也是想贪没得贪的客观情况所造成。

---

① 王闿运：《湘军志》，第18卷，第8页。

楚军成军后，拉到城郊金盆岭训练。练兵为了打仗，当时前线正在处处血战，因此左宗棠的新兵训练很苦，偷懒者重打四十军棍，开小差者斩。

新军只训练五十多天，就被拉上前线作战了。曾国藩从祁门大营发来急件，让他率军进江西、援皖南。

当时的形势急迫，湘军与太平军的战斗达到了白热化，哪一方稍微松懈，都将是全线瓦解。

太平军陈玉成、李秀成两员年轻将领统军，咸丰八年八月大败江北大营德兴阿、胜保军，歼敌五千人；随后进军浦口，歼敌万余，破了清军的江北大营。十月，陈、李两军进攻安徽省会庐州，在三河镇全歼湘军大将李续宾精锐七千人，光被皇帝加封的官员就被打死四百多人。咸丰九年，陈、李两部向皖南纵深发展，占领了皖南所有乡镇。而杨秀清之弟杨辅清部也由福建挺入江西，围攻景德镇，支援皖南，图谋江西。

咸丰十年初，玕王洪仁玕、忠王李秀成、英王陈玉成、侍王李世贤等，定下"围魏救赵"之策：派李秀成兵进杭州，牵动江南大营，然后回师进攻江南大营。

此策果然奏效：十年二月，李秀成兵进杭州，打死巡抚罗遵殿，江南大营分兵救杭州。李秀成回师，与陈玉成、李世贤、杨辅清合攻江南大营，一举攻破，钦差大臣和春、提督张国梁、巡抚王有壬败死。江南、江北大营瓦解，李秀成经营苏南和浙北、陈玉成兵进安徽、杨辅清等回师江西。太平军的战斗，又出现了咸丰六年前那样的大好局面。

江南大营被攻破之时，左宗棠尚在宿松大营。曾左二人对此事有过议论，曾国藩向来喜怒不形了言表，只说四五万人马，经营七八年，十多天就被毁了，不堪设想呀！

左宗棠却直言："有何遗憾的！这个脓包早晚要被点穿，早点破碎太好了！"

曾国藩的三角眼直望着左宗棠。左宗棠话既出口便收不住："江南大营早已腐败不堪，将官贪侵，士兵嫖赌。两江总督何桂清想借之成为中兴名臣,朝廷倚之为干城,却把湘军不当回事。真是蝉翼为重,千钧为轻。如今江南大营覆灭,我看他皇帝老子还依靠谁去!"

曾国藩见他口无遮拦,但所言确是他心里想的。咸丰帝外怕洋人,内惧汉官,早在六年前,湘军攻克武汉,咸丰已下了谕旨,授他湖北巡抚,未待他写好辞折便又收了回去。

如今江南大营瓦解,何桂清临阵脱逃,咸丰急得寝食俱废,与肃顺商量让谁做两江总督。咸丰说让胡林翼去做,让曾国藩做湖北巡抚。肃顺奏称:六年前已授过他湖北巡抚,然后收回。如今再授之此职,显得皇上恩德不重,不如直接以曾为江督,曾胡感情甚洽,二人合作,东南的事一定可以做好①。

曾国藩闻知内里,心中十分怨愤:自己领湘军冲杀这么多年,在四顾无人时,皇帝仍不肯放权给他,宁可把江督授给胡林翼。皇帝对他寡恩如此!自己憋在肚子里,真不如左宗棠骂出来痛快。

曾国藩既得两江总督之位,控制了长江两岸的局面,便让左宗棠率楚军下江西,他专力进攻安徽。

左宗棠深知,此时是自己乘势而起之机,便听从曾国藩,挥师入江西。

1860年9月末,楚军进入江西。一路与小股太平军接触,打了几个胜仗,11月初抵达景德镇。太平军从南康、赣州挺进景德镇,左宗棠派王开琳率军迎战,三战三捷。太平军再攻德兴,左宗棠派王开化、杨昌濬在香墩埋伏,奇袭得胜,占领德兴。两天后,又在婺源击败太平军,打得德兴、婺源太平军败回浙江。

左宗棠出师实战,尽得全胜。

由于湘军全力攻皖南,包围了陈玉成的驻地安庆。安庆是南京西南的重要门户,据长江中游,扼鄂、豫、苏、浙、赣五省咽喉。太平军为解安庆之围,以陈玉成、李秀成二军沿江西进,进攻武汉,以便牵动包围安庆的湘

---

① 参见薛福成:《庸庵笔记》,第1卷,第10页。

军。史称"第二次西征"。

但是，曾国藩深知安庆的重要性，他宁可冒武汉被破之险，也绝不撤安庆之围。

于是，在长江两岸，再度出现了血战。这次血战，左宗棠的楚军发挥了很大作用。

"西征"南路大军三十万由李秀成、李世贤、黄文金等将领统带，由苏南、浙江，经江西向武汉推进。黄文金数万人一路西进，接连攻克彭泽、昌都、鄱阳。攻克婺源后，左宗棠准备进攻徽州。他见黄文金攻势猛烈，便收兵回守景德镇、婺源、浮梁，堵击黄文金的西进。

黄文金绰号"黄老虎"，少年即参加太平军金田起义，作战十分英勇，是攻破江南大营的主将之一。12月中旬，黄文金五万人马与楚军战于马鞍山，左宗棠趁其立足未稳，发起猛攻，取得胜利。

黄文金自然不肯认输，整军再战。曾国藩驻守祁门，闻左宗棠与"黄老虎"大战，知楚军兵力不足。楚军如果失败，黄文金兵进祁门，包围安庆的大计将受到极大影响。于是，派湘军第一勇将鲍超增援。

此时，因楚军出师攻占婺源和浮梁两城，曾国藩为之报功，清廷立发上谕，左宗棠由四品京堂晋为三品。

性子急躁的黄文金欺楚军兵力单薄，冒着大雪进攻楚军。鲍超性子更急，催军迎战。黄文金只顾迎击鲍军，而其进路突为楚军所阻。鲍军以风雷之势，向黄文金发起攻击，一举歼灭其四千余人。

此后，经多日苦战，终于大败"黄老虎"，黄文金负伤率残部退走。

此战，以左军五千人马和鲍超少数军队，大败太平军名将黄文金，阻击了太平军南路西征军的部分人马，解了曾国藩的祁门大营危险。

黄文金被赶走，李秀成的大队人马又到。他们从广信进攻抚州和建昌，又分兵攻击瑞州和吉安，李世贤部则直攻景德镇。此时，安庆大战在即，太平军的主力云集皖南，为保安庆大战胜利，鲍春霆（即鲍超）部也从江西撤往皖南，江西只剩下左宗棠一部。

当然，此处应交代一句：左宗棠一部所以能战胜人数超过他数倍的太平军，主要原因在于太平军的军事目的不在江西，而在皖南、在安庆，他们进军江西，只是路过而已。

然而，左宗棠能以自己的新练少量部队，拖住太平军的一支主力，也为曾国藩减轻了很大负担。太平军急着西征，去实现其保卫安庆的军事目标，对阻挠军队前进的楚军，也是拼命打击的。

因此，左宗棠的江西之战，也很艰苦。

1861年3月中旬，李世贤部途经景德镇，下令攻下婺源，四面合围景德镇。李世贤是李秀成之弟，是太平军的前军主将，手握重兵，他知道景德镇只有左宗棠一部，企图顺手将之歼灭。李军到来，左宗棠未及迎战，婺源已失守。随后李军又进攻清华街，王开琳又败，将领陈明南阵亡。

4月8日，李世贤大军攻景德镇得手，楚军将领陈大富跳水自杀，左宗棠退守乐平。

李世贤攻占景德镇，分兵进攻曾国藩大营祁门和左宗棠大营乐平。

左宗棠向部队下达了死命令：死守乐平，拖住李世贤，以保祁门。

4月14日，左宗棠下令楚军分几路主动出击，拼杀敌军。这一天在桃岭一战，取得大胜，斩敌三千余。

李世贤只好把进攻祁门的部队收回。

4月19日，李世贤数万人攻击桃岭，战斗激烈。大将罗近秋战死，部下激愤，勇猛冲锋，斩敌千余，左军得胜。

李世贤损兵折将，全力进攻乐平。左宗棠也收缩兵力，凭壕坚守。太平军数攻不下，左宗棠见敌人久攻不下，士气松懈，下令王开化、王开琳、刘典和本部人马，分路猛烈冲击敌阵。太平军未防少数楚军会冲出壕垒，一时惊恐，而楚军呼声如雷，挥刃斩杀，以一当百。太平军阵营溃乱，越营奔走，自相踩踏，李世贤只好率残部败回浙江。

乐平之战是楚军成军后的一次大战，也是当时以少胜多的著名战例。这一战楚军以五千兵力对抗数万太平军，斩杀五千敌人。

这一战让楚军成为"骁勇善战"之军；大胜之日是咸丰十一年三月十四日，西历1861年4月23日。

李世贤败退，左宗棠迅速肃清江西太平军和会党军，收复浮梁、乐平、鄱阳、建德、景德镇等重要城镇，从而为曾国藩扫清了后路，湘军专力围攻安庆，于同年八月一日（9月5日）攻克安庆。

曾国藩闻楚军之胜，连上奏折为左宗棠请功，咸丰帝发布上谕："补太常侍卿，改帮办江南军务。"①

左宗棠成了两江总督军务的副统帅。

曾国藩令他留在江西，堵住太平军向皖南增兵，这在军事上称"围点打援"，曾国藩包围安庆一点，左宗棠打击向安徽增援的太平军。

左宗棠在江西的作战，其突出特点，就是乐平、景德镇、婺源战后，夏炘为他总结的"得尺则尺，得寸则寸"。夏炘是左宗棠在江西作战中交的朋友，经常和他讨论学问和兵法，为他筹粮筹饷。夏炘观察着左军的战斗情形，也深知左氏的作风。左军的作战，扎扎实实，步步为营，坚忍耐苦，既"慎于前攻，亦慎于后顾"。攻下一地则坚决守住，使所取之地不断扩大，由点成面，成为一块巩固的根据地②。

夏炘的总结是有见地的。左宗棠在江西的攻守确实如此，他攻下江西重镇，便巩固驻守，成为湘军进攻皖南的大后方，为之打击太平军的援军，为之供应粮饷，使湘军战败了皖南的陈玉成军。

皖南胜利后，太平军的失败已是时间问题了。左宗棠在战略上，的确起到极为重要的作用。夏炘的总结正确，反映了左氏的作风。他一生行事都有股牛劲，做湘幕时虽仅是一个幕僚，却是实在的省长，几年为湖南和周围四省筹饷筹械，从不动摇。西征新疆，更坚持寸尺必得必守的原则。而太平军

---

① 朱孔彰：《中兴将帅别传》，第52页。
② 左景伊：《左宗棠传》，第100页。

的失败,就是缺少这一原则,他们攻下一城,随得随失,不去建立巩固的根据地,最终失败。

毛泽东"独服"曾国藩,当然也包括左宗棠。他熟读湘军的作战史料,重视建立根据地的根本原则,最终指挥人民军队由小变大,由弱变强,取得全面的胜利。

十 "鼎之轻重，似可问焉"：咸同帝位交替时的行为秘录

1861年，咸丰帝在承德行宫突然病逝。他死在英年，继其位者是年仅六岁的载淳。咸丰临终时将幼子托孤于载垣、肃顺等八位顾命大臣；而与咸丰久有矛盾的恭亲王奕䜣，同权欲极重的慈禧太后联合。于是，发生了"顾命"与"垂帘"的夺权斗争，其情势云谲波诡，惊人心魄。这次宫廷争斗的幕帷和结局，已不是秘密。而与宫廷上层互谋皇权、生死拼杀的同时，久控东南军政大权的湘淮大将，也在紧张而诡秘地议谋此事，既鲜为人知，又颇令人费猜。

近年来，随着曾国藩研究的逐步深入，湘军将领图谋拥立曾氏的谜底渐被揭开。曾氏久受压抑，周围大将为集团着想，趁乱之际谋划让曾国藩黄袍加身，这种可能存在。但是，说才露头角的左宗棠，也有谋位之想和行动，令人难以置信。然而，据论者揭示，却言之凿凿，其过程较曾国藩漫长，行为亦更诡秘。

据云，早在太平军打到湖南时，左宗棠就有过与洪秀全联合造反的行动。

当时，左宗棠"但愿长为太平有道之民"的愿望破灭，又认为"当今国事败坏已极，朝廷上下相蒙，贤奸不分，对外屈膝投降，内部贪污腐化，外敌侵略无已，各地盗贼纷起"。而满人入主之后，一直对汉人防范压迫。因此，他对清廷统治不满，期望有个开明的汉族政府，来取代腐朽的满族王朝。

所以，太平军打到湖南，他与洪秀全相似，因久取科名不得，想起而图建功业，那时他就想与洪秀全一起推翻清王朝。

这段历史隐秘，也只是一桩秘闻。但无论正史、野史却又都有记述，所言并非空穴来风。

正史方面如范文澜《中国近代史》写道："当太平军围长沙时，左宗棠曾去见洪秀全，论攻略建国策略"①，秀全不听，宗棠夜间逃去。简又文《太平天国全史》中说："左宗棠尝投奔太平军，劝勿倡上帝教，勿毁儒释，以收人心。……不听，左乃离去，卒为清廷效力。"②萧一山《清代通史》、张家昀《左宗棠：近代陆防海防战略的实行家》、稻叶君心源《清代全史》等，皆有类似记载。

至于野史的描述，更加绘声绘色。其中以黄小配《洪秀全演义》③描述最详，中心内容不外乎上述正史的记载。

左宗棠所以隐身东山白水洞，原因不光是避乱，同他去与洪秀全密谋有关系。因为此举如让清政府得知有灭族之罪；从太平军中逃走，洪秀全对他也不会善罢甘休。

所以，当湖南巡抚请他出山时，左氏反复拒绝，从而引起咸丰的怀疑。前文咸丰询问郭嵩焘时就说："左宗棠不肯出山，系何缘故？"还正告说："当山为我办事！"而洪秀全见左宗棠深夜逃离，曾派一队人马追赶，追赶不到而入山搜捕。那支队伍也打听到了他的隐身之处，前去捕拿。左氏在逃离洪秀全时，也马上离开白水洞，辗转去了湘潭。

以上内容前文皆正面叙述过。但根据其他有关左宗棠曾欲造反的记载，换一个思路，便真有可疑之处。

左宗棠虽出山为六年湘幕，但他始终不安心，一有机会就要转入山林。后来湘军崛起，他看到代表汉人和湖南的曾国藩很有希望，才为之筹

---

① 范文澜：《中国近代史》上册，第120页。
② 简又文：《太平天国全史》（中）。
③ （清）黄小配：《洪秀全演义》，上海古籍出版社，1981年重印。

饷、筹械，"外援五省，内安四境"，为湘军的发展，为镇压太平军出了大力气。

然而，因为"樊燮事件"，咸丰未加调查，便下旨欲把他"就地正法"。这怎不令左宗棠心寒！

后来，两湖和湘军文武大员、京师肃顺等人，一起出面救护，才保住了左氏的一条命。

尽管咸丰下旨，让他以四品京堂候补，助曾国藩镇压太平军，但左宗棠心里如何想？他对清政府的寡恩、对洪秀全的农民政权，两方面皆失去了信心。心有大志的左宗棠，差一点点被皇帝下旨正法，他如何再能对清朝忠贞不贰。

当初，左宗棠从长沙欲入京参加会试，到了襄阳接到胡林翼的阻止信，转去宿松投奔曾国藩。此时，两湖官员和京中正紧急活动，拯救左宗棠，而咸丰的谕旨尚未到达，但京师的消息已说明左宗棠可免死。胡林翼、曾国荃、李鸿章、李瀚章、李元度等人，全在宿松湘军大营中。

据论者揭示，那些日子这帮湘军大将天天在议论什么。

他们除去讨论湘军未来的作战方案外，还议论些不为世人所知的大事。尤其是曾、左、胡三人常摒除他人密谈，据左宗棠的后人左景伊记述，他们密谈的便是湘军击败太平军后的前途，密谈的是天下政权未来的归属问题，左景伊以专章述论此事①。

据《左宗棠传》第二十分析，此三人二十多天一起议论，确定了曾、左、胡在湘军中的领袖地位。此后，太平军的失败是毫无疑问的，而太平军失败后，湘军必然成为清政府的心腹大患，朝廷必然会设法消灭湘军、残害湘军将领。早在湘军攻克武昌之时，咸丰十分高兴，而大学士祁寯藻却说："曾国藩以侍郎在籍，犹匹夫耳。匹夫居闾巷一呼，蹶起从之者万余人，恐非国家福也。"所以，咸丰正欲发谕旨授曾国藩湖北巡抚，却又马上收回。

---

① 左景伊：《左宗棠传》，第二十，《季公得林翼与涤丈左右辅翼，必成大功》。

胡林翼表面上对清廷忠心，实质上是一个有胆识的智囊人物，他说："天下糜烂，岂能安坐而事礼让？当以吾一身任天下之谤！"①胡林翼手下有一谋士韩超，就曾建议曾、胡拥兵自重，割据一方，仿效李世民徐图天下。他说："此日东南糜烂，畿辅垂危，则豫鲁之能否维持，所不可必矣。若秦、陇、楚、蜀连成一片，地亦不狭，力殊有余。自古分据之局未或久远。""夏之有绪，唐之晋阳，其前事矣。未识尊意及曾、袁诸君子以为若何也？"②

韩超建议他们仿效李世民、赵匡胤割据一方而谋权位。他的说法，与胡林翼一致。胡林翼不过一个巡抚，却说要"一身任天下之谤"。令"天下谤"者，不正是"天下糜烂，岂能安坐而事礼让"的行动结果吗？不"安坐而事礼让"，那又去做什么？自然不必深究，正是韩超为之剖白了的仿效李世民称雄割据，谋取隋朝天下之行动。

但是，曾国藩以"忠君卫道"立命，此人胆子小，行事谨慎。当时他又是中心人物，责任更大。他虽然对清王朝也有看法，咸丰对他的刻薄寡恩，他也很是愤恨，但他做人深沉、谨慎，在表面上没有接受左、胡的意见，使宿松的密谋没有结果。当时正在紧张地战斗，也还没到时机成熟时，因而也不会有马上行动的可能。

至于左宗棠其人，当时还是"戴罪之身"，他与曾国藩不同，是个不甘人后的豪杰，有项羽"彼可取而代"之雄心。杨笃生《新湖南》中说："湖南如胡、左二公，固非无度外之思想者。……左公薨时语其家人说：'朝廷待我固不可谓不厚。'少间，又语曰：'误乃公事矣，在当日不过一反手间耳！'此言故人子弟多闻之者。"③

当时胡林翼最有与清廷分抗取代之想法，但他自知才气远不如左宗棠，势力则不如曾国藩，身体又十分虚弱，经常咳血，难图大业。他又深知曾国

---

① 《胡文忠公遗集》，第 55 卷。
② 左景伊：《左宗棠传》，第 131 页。
③ 转引自左景伊：《左宗棠传》，第 131 页、第 132 页。

藩总以"卫道"作标榜，以"克己复礼"为号召，不会冒篡谋之险。而他对左宗棠的看法，以为"品学为湘中士类第一"，"横览七十二州，更无才出其右者"。因此，认为左宗棠才是当国最好人选。在宿松大营时，左宗棠尚无势力，但到时候他一定能行。所以，后来他给郭嵩焘写信说："季公得林翼与涤丈左右辅翼，必成大功。"①此时，曾、胡二人已是封疆大员，左宗棠仅一未补的"四品京堂"，信中却说让胡林翼本人和曾国藩"辅翼"左宗棠。言外之意再清楚不过，是说不久将来，让曾、胡辅佐左宗棠，必能成就"大功"。

当时，曾、左、胡三人所以有上述之议论，源自1860年（咸丰十年）英法联军兵进京师，咸丰皇帝逃亡热河，清廷政权确已存在灭亡危机，作为湘军首领和大将，不可能不议论今后的形势和湘军集团的未来。那时，咸丰直接发来谕旨，让曾国藩派大将鲍超率军北上，由胜保指挥"勤王"。但是，湘军正与皖南太平军大战，若抽调鲍超一军，湘军就有失败危险。因此，曾国藩感到极其为难。但胡林翼却说："疆吏争援，廷臣羽檄，均可不校，士女怨望，发为歌谣，稗史游谈，诬为方册，吾为此惧。"②他是担心不派兵"勤王"，难逃抗旨罪责，社会舆论也会抨击他们。正是在这急迫困窘之时，才有以上议论。"勤王"之事，由李鸿章出了主意，是为"按兵请旨，且勿稍动"③，即向咸丰回奏，准备派兵前往，究竟派谁领兵，待皇帝批复后再行动。如此往返递信，等来了议和已成的结局，湘军就不必"勤王"了。

第二年（1861年）秋，咸丰病死于热河行宫，从而出现了本章开头所说的紧张政局。

当时，左宗棠已独领一军在江西作战，已收复了大部分城镇和广大乡村，正待进军浙江。曾国藩在湘军攻破安庆后的第七天，由东流进入安庆

---

① 转引自左景伊：《左宗棠传》，第131页、第132页。
② 《胡文忠遗集》，第77卷，第24页。
③ 《曾文正公书札》，第13卷，第17页。

城，在原陈玉成的英王府设帐。

曾氏刚刚进驻英王府，就接到北京送来的紧急公文，报告咸丰帝于七月十七日（8月22日）驾崩，以八大臣辅佐六岁的小皇帝即位。

这一消息震动了湘军的上层人物。曾国藩对清廷发生的变故，以为必有重大事情发生。他看到八大臣中，实力所在是大学士肃顺，肃顺信用汉员，自己授两江总督是其举荐的结果。但是，大凡皇帝幼龄，总要设顾命大臣；到皇帝成年，又视顾命大臣为亲政的绳索。要斩断绳索必然发生争斗，像肃顺其人，刚愎自用，锋芒毕露，下场一定不好。想到此，他心乱如麻。

由于湘军帅府移至安庆，加上皇帝死去，政局大变，湘军将领及有关系的政客、官僚都不断前来，议论激变的时局。

胡林翼先来安庆，他告诉曾国藩宫中正发生顾命大臣与慈禧太后的尖锐争斗，宫廷政变难免发生，乱子即将闹起。

曾国藩听得心惊肉跳，瞪着三角眼，不知所措。

胡林翼瞟了他一会儿，慢慢从怀中抽出一个信套，一面递过去，一面说："来安庆前，左宗棠来了一封信，信上说，他日前游浮梁（江西饶州浮梁）神鼎山，得了一联，寄来让我交你一阅。"

曾国藩接过信套，从中抽出一纸，上面果然是左宗棠的亲笔，只见联语曰：

神所依凭，将在得矣；
鼎之轻重，似可问焉。

曾国藩看罢不觉脱口称赞："好一副对仗工整的佳联，联语字头又恰好嵌着神鼎，妙极！"

曾国藩又摇头咂舌念了一遍。当他抬头看着神秘微笑的胡林翼时，顿时悟出了联中的暗藏机锋。心说：难道左宗棠要"问鼎"？左氏志向不小，才气也大，但手里只有数千兵马就想趁机黄袍加身夺帝位？他迅速转念：这是让我"问鼎"。他联想到湘军兴起，宫中不断传出流言，皇帝对他猜忌，随着湘军人数大增，流言也更盛。想至此心里一阵发冷，没说一句话。

胡林翼见他如此，也不便再问。遂又掏出一封信，口中说："我也有一拙联，不妨一起请教！"曾氏打开后见到：

用霹雳手段，
显菩萨心肠。

曾国藩看后大声说："润芝（胡林翼字），妙极了！"胡林翼惊问："妙在哪里？"曾国藩回答："九弟攻破安庆城，杀了不少长毛，心里老是后悔，有润芝这一联，犹如良药，九弟看了定可药到病除！"

胡林翼沉吟片刻，用诡谲的目光盯着曾国藩，摇了摇头，欲言又止。

两天后，胡林翼回武昌，曾国藩送他到城南码头。曾国藩拿出左宗棠的联语说："左季高的联语我给改了一个字。"说着连同信袋给了胡林翼。胡林翼打开信袋，联语中的"似"字改成了"未"字。胡林翼看后放声大笑："涤生，你这一字之改，把季高的意思整个弄颠倒了！"曾国藩回答："天地有位，阴阳有序，本来就不可以乱来的。左季高欲将地比天，这就颠倒了，所以应该颠倒过来！"

胡林翼知道，他这话同样是说给自己听的。他的那联"用霹雳手段，显菩萨心肠"，也是要让曾国藩在这大乱之时，以非常手段，取得帝位，拯救苦难的天下众生。但曾国藩巧妙地移作对待起义军，他便无话可说。

胡林翼回武汉后不久便病逝了，死去的那天是咸丰十一年八月二十六日（1861年9月30日）。

胡林翼走后，曾国藩的爱将彭玉麟从池州来至安庆。曾国藩曾说彭是他的"一二知己者"，其用情专一、持身严谨的品格，尤其让曾国藩欣赏。然而，这个谨言慎行的彭玉麟居然也说出一番石破天惊的话来。彭以鲜明炽热的言辞表达：目今混乱之秋，咸丰早逝，皇位给一个六岁的娃娃去做，这是国家的大不幸。值此之际，凡有爱国爱民之心者，都应挺身而出，救国救民于水火之中。而举目四顾，唯我湘军有灭长毛、擎江山之大任，湘军统帅正该是当然的一国之君。"今东南无主，老师岂有意乎？"

彭玉麟的一番"劝谏"，让曾国藩惊得呆住了。左宗棠是个胆量冲破天的人，"问鼎轻重"在他嘴里说出不会令人太惊奇；胡林翼多年就有异心，曾国藩也有预见。但，彭玉麟心细如丝，持身严谨，心热肠赤，说话办事皆经过千思万虑。现在，居然胆大包天，让曾国藩当皇帝，并表示若有此意，愿为之赴汤蹈火。

彭玉麟的一片赤诚，虽让曾国藩感动，但这种犯上作乱掉脑袋的事，他如何敢答应。曾国藩没有回答，拿别的话岔开了事；彭玉麟何等精细之人，也不再重提。

才过几天，武昌传来胡林翼去世的噩耗。曾国藩哀伤不已，哭着说："润芝赤心以忧国家，小心以事友生，苦心以护诸将，天下宁复有斯人哉！"

左宗棠闻其死讯，洒泪书文祭之。祭文以泪书成，读之令人鼻酸。祭文有语①：

"自公云亡，无与为善，孰拯我穷，孰救我褊？我忧何诉，我喜何告？我苦何怜，我死何吊？"

正当曾国藩哀哭胡林翼之时，湖南名士王闿运又来造访。曾国藩未及起迎，即闻其朗朗之声："国家大乱在即，吾为大人送一良策！"

曾国藩喜爱这位名满天下者的文章，但对其危言耸听的做人态度却很反感。

曾国藩仅一举手，并不置言。

王闿运继续说："皇太后欲行垂帘，纵观史册，女子临朝，国必大乱！"

---

① 《祭胡文忠公文》，见《左宗棠全集》，第13册，第385-386页。

曾国藩知王是肃顺的幕中红人，此次顾命，肃顺为八大臣之中坚，王闿运之说，绝非道听途说。因此，他表示专注恭听。

随后，王闿运滔滔不绝，讲了慈禧与恭王联盟，与顾命大臣争斗之情形，他表明站在肃顺一边之态度，言肃顺力矫国之弊政，重用汉人，高瞻远瞩；但慈禧内结权臣，外援重兵，是八大臣之劲敌。故，宫中大乱必然发生。最后他说出此来目的：为曾国藩指路两条，要么拥湘军重兵，入觐九重，申明垂帘违背祖制，为八大臣援手；要么在东南举起大旗，为天下万民做主，以湘军之众和曾氏之名，天下必然响应。他可说动肃顺，反为曾氏拥戴，大事亦可成也。

曾国藩却漠然相待，以指醮茶，漫不经心地在桌面上划着，王闿运顺着他的手指看去，竟是一连串的"狂妄，狂妄，狂妄……"王闿运看后戛然语止，起身告辞而去①。

这次"问鼎"议论，以胡林翼病故、曾国藩不从而告寝。

曾国藩以其儒家"卫道"思想和通盘之洞明，自然不会去"问鼎"。虽然他对清廷的腐败有看法，但封建政府从来对付动乱谋反，都有一套办法，因此谋反者下场都很惨。即使在太平军覆灭之后，清廷迫他解散湘军，他也无"问鼎"之想。这是他的明智之举。

接下来，慈禧与恭王联合发动政变，建立"垂帘""议政"的双重体制，稳定了局面。然后大胆向汉人放权，命曾国藩节制江、浙、皖、赣四省诸务。湘军大将皆升级为地方大员，仅巡抚一职，就有七员，皆是曾国藩上奏得升。

左宗棠也很快进兵浙江，不久便升为浙江巡抚。因此，其"问鼎"之想亦寝。正如一些史书评述：左氏虽有"度外之想"，但因清廷之重用，升迁之快，感到朝廷对他之厚，才让他未去"问鼎"。但他仍感遗憾，即因清廷委以重任，为成事业，而误了"问鼎"大计，让他临终前仍惦念此事。

---

① 《清人逸事》，第7卷，《投笔漫谈》。

十一 "客日强而主日弱,终恐非计":对"借师助剿"的态度

"借师助剿"是议政王奕䜣在外人的促动下提出的政策。

第二次鸦片战争结束,恭亲王在京代表清政府与英、法、俄、美等国签订了《北京条约》。而后,以俄国为首,向他提出派兵帮助清政府镇压太平军。起初他也不同意,还批评了应允法人的胜保。

随后,他却把"借师助剿"的主意写成奏本上奏,提出江浙地区"兵力不敷剿敌",如果"借夷兵之力驱除逆贼,则我之元气渐复"①,同时密令南方地方大员共同议之。可是,议论的结果,大都反对,只有上海的江苏巡抚薛焕、杭州将军瑞昌和浙江巡抚王有龄赞同。

当时咸丰帝虽反对此策,但被弄得焦头烂额,也顾不得何对何错。因此,奕䜣同南方督抚和带兵大员商定了几条原则:洋兵已与华员合作好的上海等地,可坚持此策;聘用西方军官训练中国军队;聘用洋员为中国制造军火;雇用西人的军舰与太平军作战,等②。

这几条原则确定,成为清政府勾结洋人,联合镇压太平军的基本方针。不久,苏南和浙江有几支"洋枪队",便是中外混合军队,出现在对抗太平军的作战中。

咸丰死后,"北京政变"发生,慈禧与恭亲王联合执政,"借师助剿"

---

① 《筹办夷务始末》(咸丰朝),第7册,第2608页。
② 见《第二次鸦片战争》,丛刊五,第350页。

政策公开实行。奕䜣鼓励地方官与洋人合作，并称如果洋人做得好，当"随时迅速驰奏，不得没其劳绩，以彰中外和好，同心协助之意"①。

上海买办、士绅以道员吴煦和杨坊为首，与美国人华尔合作，成立一支四千五百人的"常胜军"。

浙江方面，由英军大佐丢乐德克出面，为中国训练了一支一千五百人的军队，称作"常安军"（俗称绿头勇）。另一支由法国军官指挥的中外联合军，称作"常捷军"（俗称花头勇），约三千余人。

恭亲王所以有中外军队联合镇压起义的想法，主要源于他留守北京与洋人谈判成功。他是清廷上层最先与洋人打交道者，各国从条约中得到了利益，也共认为恭亲王的思想开放，都愿意同他合作。此后，也的确造就了恭亲王的开放态度，但同时也使奕䜣在对外战争中，往往执行求和不战路线。

而左宗棠的一生伟业在于反对外敌入侵，在收复新疆、打击沙俄、抵抗法国等战争中，都坚决抗敌，的确做出了伟大的功业。他生长在当时"世事痴聋百不识，笑置诗书如埃尘"②的湖南，那里交通不便，山环水绕，消息极为闭塞。尽管左宗棠有胆识，所学不拘一格，但总体上仍属诗书耕织的传统知识分子。他不知国际大势，有传统的反对外人、保守"桑梓"的顽固思想。

所以，他对恭亲王制定的"借师助剿"政策是反对的。这种思想，与李鸿章大不一致，与曾国藩也有一定差距。

回头再看看湘军的战争形势。

当安庆被曾国荃攻陷，长江两岸都落入湘军手中。左宗棠收复江西后，太平军撤入浙江，太平军的势力范围剩下苏南和浙江了。

而太平军的地盘虽不大，但这里却是李秀成多年经营的根据地，被命名为"苏福省"。李秀成在这里仍有数十万军队，许多将领也都是由广西起义

---

① 《清穆宗实录》，第56页。
② 《曾文正公诗集》，第3卷，第7页。

而来的"老兄弟"。所以，湘军和不久前成立的李鸿章淮军，想要顺利攻占苏南和浙江，也非易事。

太平军主将李秀成，见安徽丢失，陈玉成败死，知道要巩固天京，只有守住苏福省了。

在清廷内讧、"垂帘"与"顾命"暗动拳脚时，李秀成趁机挥师南下，企图一举将全浙拿下。他首先攻占了浙东重镇宁波，而后举重兵包围了杭州。

此时，八大臣告败，清政府稳定了局面。当李秀成围困杭州，每日轮番攻击时，浙江巡抚王有龄向清廷告急，并哀求曾国藩出兵相救。

左宗棠向曾国藩要求，自率楚军入浙，增援王有龄。

但曾国藩就是不发令。楚军也是湘军的一部分，左宗棠是曾国藩的部下，总司令不下命令，楚军自然不能擅动。

曾国藩不让楚军救援，有两个原因：一个是王有龄一直对湘军有看法，浙江富饶之区，从不给湘军供应一钱一米。还在曾国藩最困难时，把背叛湘军的将领李元度收到自己麾下。另一个原因是：清廷已让他统辖东南四省军务，但这四个省的巡抚也必由他安排人，得是他的部下或听命于他者。尤其是江苏和浙江两省巡抚的位子，必须重新安排。现在，江苏巡抚是薛焕、浙江巡抚是王有龄。他已决定江苏由李鸿章、浙江由左宗棠二人接任巡抚职。救下了杭州的王有龄，左宗棠怎么办？

因此，曾国藩看着李秀成围打王有龄，就是不发兵救助。

曾国藩上奏由左宗棠督办浙江军务，但又不令楚军入浙作战。直到咸丰十一年十二月十二日（1862年1月11日），李秀成攻下了杭州城，王有龄自杀，浙江巡抚衙门官员死得差不多了，曾国藩才命令左宗棠迅速入浙。同时，密奏左宗棠为浙江巡抚。

为造成左宗棠的军事优势，曾国藩同时命令鲍超、曾国荃、张运兰、朱品隆等部在赣东、苏南发动凌厉的攻势，配合左宗棠的军事行动。他还下令将徽州、广信等处的防军，全交左宗棠指挥，把婺源、景德镇、河口等处的农副业和商业税源，全由左宗棠调配使用。

曾国藩还奏保左宗棠专折奏事。左氏有了专折奏事的权力，他立即向慈禧奏报了进军浙江的战况，要求调将、增兵、增饷，以保证战争的胜利。他还当即奏派广西臬司蒋益澧、副将戴盛宽，湘军将领刘培元、魏喻义等，各率募军前往浙江[①]。

1862年（同治元年）1月23日，清廷下旨，命左宗棠为浙江巡抚。

由于湘军迟迟不入浙江，任由李秀成大军接连进攻，至左宗棠新任巡抚时，那里的大部分地区已被李军抢占，"仅剩一衢城、一温州城池"，让左宗棠也感到"无从下手"了[②]。

但慈禧催他尽快收复浙江失地。

春节刚过，左宗棠率全军九千余人，从汪口越大庸岭，进入浙江。接连打了几个胜仗后，驻军开化。太平军沿马金街筑垒，绵亘数十里，对抗楚军。

这里太平军主力仍是以前在江西的老对手李世贤。李军虽然是精锐之师，但在江西已多次败给楚军，故而心虚。在高坪一战，楚军斩李军五千，冲破了太平军的营垒。

左宗棠仍是步步为营，寸尺而进。慈禧着急，催他赶紧拿下浙江首府，把太平军一举歼灭。但是，左宗棠却不能太急。他的九千兵力对付十几万浙江的太平军，一不小心便会被敌军包抄、歼灭。

二月六日（3月6日），楚军进攻遂安县城。左宗棠分兵攻杨村，吸引守城的太平军。令陶鸿勋、丁长胜两军从城后进击，令黄少春、朱明亮从旁呼应。敌军突遭三面合围，经激战无功，溃败而逃，折兵万余。楚军攻占遂安城。

左宗棠令王文瑞守住遂安，自率大军继续深进。

---

① 朱孔彰：《中兴将帅别传》，第52页。
② 《左宗棠全集》，第13册，第50页，"家书"36。

二月二十一日（3月21日），左军进抵四部，太平军闻风而走。太平军从后攻打遂安，为王文瑞所败。

三月十五日（4月13日），左军进攻江山，在清湖击败李世贤，差一点将他活捉。

三月十八日至月底，两军在石门、花园大战，太平军连连战败，李世贤退守金华。

左宗棠浙江用兵，步步为营，节节胜利，曾国藩很是满意，特上折向清廷奏报左宗棠的战功，说浙江李世贤乃"剧寇"，有十万之师，久踞浙地，今为楚军屡败，"从此当不敢再犯颜行，浙事必渐次旋转"。

五月，发生了浙西南重镇衢州的大战，此处是李世贤大军所在。左宗棠令刘培元、王德榜、屈蟠众将攻其东西南三路，他自率一军从北路进攻。一战而胜，李世贤部弃营撤走。

李世贤虽放弃衢州，却绕到楚军后路，攻击被楚军占领的遂安。左宗棠分兵四千与守卫部队王文瑞内外夹击，再败李世贤军。

为巩固已得之地，左宗棠上奏授刘培元为衢州总兵，史致谔署宁（波）、绍（兴）、台（州）道，崑龄署台州知府。

此后，双方仍在龙游、兰溪、汤溪、遂安、衢州等处争斗。

左宗棠感到楚军兵力太寡，不得不往返奔波，战士们实在太辛苦。

七月，此前奏调的广西蒋益澧部抵达衢州，他率来八千人马，楚军阵容顿壮。

但在此时，他遇上了"借师助剿"的问题。

自李鸿章去安徽募兵开赴上海，上海官员士绅重金聘"洋将"组织军队攻击太平军，取得了战果。李鸿章的淮军开始即与"常胜军"勾结作战，清政府对"洋枪队"更加重视。

在浙江出现的"洋枪队"是前文交代的"常捷军""常安军"，他们以先进的炮火攻击太平军，攻占余姚、上虞等城，进而向清廷和地方勒索。他们为清政府聘用，本来军饷就高，一般士兵比清军高出好几倍。而攻下一地，仍要勒索。当时，地方经历战争多年，粮饷处处缺乏，左宗棠的楚军也十分困难。

左宗棠感到不公平，楚军接连得胜，有谁给金钱奖赏了？

洋将们在宁波一带打击太平军，向宁绍台道史致谔勒索不成，便向清廷上告，清政府自然下令让左宗棠处理，他是浙江巡抚，史致谔也是他保举的道员。

左宗棠上奏说："虽借外国兵力暂保孤城，主弱客强，终非长久之计。"他从总体和未来着眼，进一步说："沿海各郡自五口通商之后，士民嗜利忘义，习尚日非。又自海上用兵以来，至今未睹战胜之利。于是妄自菲薄，争附洋人。其黠者，且以通洋语、悉洋情，致富贵。趋利如鹜，举国若狂。自洋将教练洋兵之后，桀骜者多投入其中，挟洋人之势以横行乡井，官司莫敢诘治。近闻宁波提标兵丁，多弃武籍投洋将，以图厚饷。此常胜一军所以增至四千五百人也。若不稍加裁抑，予以限制，则客日强而主日弱，费中土至艰之饷，贻海疆积弱之忧，人心风俗，日就颓靡，终恐非计。"①

左宗棠的这个奏折，较早提出要预防洋人以客变主、贻害后来。同时，这一主张也引起清廷和带兵大员们的注意。

李鸿章虽说是淮军一练成即与洋兵联合会剿太平军，但他也看到了"沪道媚夷，失之过弱"，即上海官绅"媚夷"态度软弱。而他同时又认为"反道抗夷，失之过刚"②，对当时的"用夷平乱"不利，他向老师曾国藩请教策略，曾国藩给了他"忠信笃敬"四字诀，即用儒家思想去对待洋人，暂时"抚而用之"，要以诚信对待。但是，他在上海、苏州一带用兵，日与洋将洋兵"会剿"，深感洋将洋兵对其作战有利，总体上是偏于"媚夷"的。只是到后来，李鸿章违背了与"常胜军"统带英国军官戈登的约定，杀害了苏州太平军八个已投降的将领，血洗了苏州城，才同"常胜军"的关系弄僵。

---

① 《左宗棠全集》，《奏稿》，第 1 卷，第 123 页。
② 《李文忠公全书·朋僚函稿》，第 1 卷，第 35 页。

左宗棠奏折之意，清廷上层和曾国藩等人都很认可。但迫于当时的形势，清政府只能迫他执行"借师助剿"政策。而左宗棠虽然不能违反，但始终坚持约束洋将洋兵，随时准备解散他们。

同治元年十一月，左宗棠令魏喻义攻克严州后，沿钱塘江东下；派另一路军攻金华、诸暨、萧山，直抵杭州。攻克宁波的中外混合军也渡过曹娥江，向绍兴进攻。

同治二年正月，楚军一路攻战，连下汤溪、金华、龙游、兰溪、浦江、诸暨。绍兴太平军将领陆顺德弃城逃往杭州，混合军由法将德克碑率领，进入绍兴城。

法人和中国军队组成的混合军进入绍兴后，大肆抢掠，洗劫居户、席卷库银，还对入城的清军搜身。左宗棠得知其情，气愤地上奏清廷，请求"乘我军声势正盛，将洋兵陆续遣散"。

进入绍兴城的德克碑因抢劫发财，又借攻下绍兴城，向地方索款十一万两，而后要求增兵千人。左宗棠不得不令史致谔筹款付之，但坚决阻止他增兵，并上报总理衙门，设法驱逐此人。

总理衙门知情后，向法国驻华公使交涉，法国公使打算以实德棱取代德克碑。左宗棠打听到实德棱比德克碑更骄纵贪财，决定再行上奏，干脆解散混合军。但是，他的奏疏石沉大海，亦知杭州未破，清政府仍想借用洋人之力，不可能答应他的奏请。

此时，将被取消混合军统带职务的德克碑，到严州大营求见左宗棠，左便接见了他，当面谕知：中国并不需要借助外力，要想留任，必须听从节制，不许节外生枝，不许增兵。并说，既为中国兵的统带，仪容礼貌也应照例而行。德克碑害怕被驱逐，只好听命。第二天又来大营，并剃掉了大胡子，以属下向左宗棠致礼。

太平军被镇压，"常捷军"被裁撤，左宗棠奏办福州船政局，德克碑成了造船厂的"洋员"，为左宗棠做了不少事情。这是后话。

浙江方面最早与洋将勾结，共同镇压太平军的是原宁绍台道张景渠。他因失守宁波而被革职，左宗棠奏请史致谔取代了他。他被革职后，从定海招募了一批海盗，与英国驻宁波领事夏福礼和英舰队司令刁乐德克密商后，于1862年5月10日（四月十二日）联合进攻宁波。英军出动军舰六艘，中外混合军四百余名，经激烈战斗攻占了宁波。①

左宗棠反对"借师助剿"，尽管张景渠与洋兵联合夺回了宁波，他也没有恢复其职务。相反，李鸿章却上奏朝廷，以为张景渠有功，应官复原职，并发还被抄没的家产。当时人们认为张景渠与洋将洋兵联合作战，是左宗棠主使，最少也是他同意的。或者李鸿章替他上奏表功，也认为左宗棠不会反对。然而，左宗棠闻知其事，愤怒地上奏："宁波辖境之复，张景渠求助洋人，并非臣意……浙江因借助洋人之故，翻致多费周章。洋人入绍兴后，多方挟制，经臣据理力争，始俯首听命，愿受节制。"

过去的史著，论及"借师助剿"，总说李鸿章借助"常胜军"，左宗棠借助"常捷军"。后来，左宗棠创设福州造船厂，用了"常捷军"统带德克碑，更认为左氏对洋人的依赖，与恭亲王、李鸿章完全一样。这一点，确是历史的误会。

---

① 呤唎：《太平天国亲历记》，中译本，第420—421页。

十二 "功绩与前敌将领无殊":得胡雪岩襄助

左宗棠一生做的最大事业,如在军饷最困难时进军浙江,取得巨大胜利;在中国无一艘轮船时,创办福州造船厂;万里进军新疆,取得震惊中外的收复新疆的胜利等。

这些事业都与胡雪岩有着极大关系。可以说,左宗棠在明里横刀跃马,摆着堂堂之阵;而胡雪岩却在暗中默默做事,支持着左宗棠。没有胡雪岩这个隐形人物的支撑,很难有左宗棠那般赫赫功绩。

正因为胡雪岩帮助左宗棠做成那么大的事业,所以左氏才把他的功绩与前敌将领一般对待,为他向朝廷请功,使他得到了一个红顶子,拿到个一品虚衔。

胡雪岩是个商人,开了许多钱庄、银号、典当、商行,尤其是开了杭州著名的"胡庆余"大药房,还做中外茶叶大生意。因此,人们称他"红顶商人"。有清一代,允许商人捐官,但商人是捐不到红顶子一品官的。

胡雪岩的红顶子不是拿钱买来的,是他一心一意帮左宗棠做成大事业,左宗棠为他请封的。或者说,是他帮助左宗棠,也是帮助清政府做出大成绩,理所应当地得来的。

既然胡雪岩应当得到红顶子,就说明他在历史上应该有一席地位。但是,又因为他只是个隐形人物,所以在台湾高阳《红顶商人》小说和同名电视剧问世之前,不仅大陆的史书上没有他的名字,就是知道他的人也为数甚少。

所以，为左宗棠写传，就不能不说说胡雪岩这位在左氏身后，帮他做事的人了。

胡雪岩（1823-1885年），名光墉，字雪岩，安徽绩溪人。幼年家境异常贫苦，只得四处流浪，自谋吃穿。他先是到杭州阜康钱庄当学徒，年长后学做钱庄生意。

他很聪明，学徒时不仅学会做生意，而且写字、算账都很通，文墨功夫也颇佳。尤其是他的机灵、勤快，博得老板满意，就升他做钱庄的"跑街"。跑街的业务不少，但他只负责一项最难的，就是跑"死账"，即很难再讨回的债务。

在生意场上，讨债要比借债难得多。小品演的黄世仁跪下来向杨白劳讨债，那是太夸张了，但也反映出讨债之难。

而胡雪岩受命讨的"死账"更是难，债务人是一批极为特殊的人物，是捐班候补的知县、知府等。清政府的内忧外患弄得国库银子净光，只好大卖其官。国库空了，卖出的官衔自然是空头虚衔。有的人有钱，买个官衔过过瘾或吓吓人，做起事来也容易。那钱，就不白花。但是，有的人没有多少钱，左借右挪好不容易捐个官衔，却得"候补"，等着空出位子来才能补上实缺。

跟亲友借钱也是不易的，向银行借则要顺当些。银行向买官者借贷风险很大，但不借也难。因为借贷人若是有了实缺，某银行当初不借给他钱，他当上知府知县后，回头不得要他们命？如果借贷者真补了缺，借钱的银行将来就有了靠山。

所以，当时银行即银号、钱庄向捐官人借贷也是在做风险生意。而捐官人向钱庄借贷，也比较容易。

从钱庄方面说，借贷者如果捐得官衔短期得到了实职，不愁没有回报。而如果长时间不得实职，借出的钱便成了"死账"，而想向那些有了官衔的老爷讨债，想象一下该有多难。

胡雪岩聪明伶俐，他去跑"死账"总不会空手而归。他的业务难度虽大,但其发迹却也在此。

浙江巡抚王有龄,科场失意,赴京考试花了很多钱,花完了路费父母又在家里病故,致使他流落杭州街头,连吃饭都成了问题。在他走投无路之时,被跑街的胡雪岩遇上。胡雪岩向他伸出援助之手:把跑街一次性拿到的五百两银子给了他。王有龄用这五百两银子重返京师通关节,捐得个七品县令。

王有龄在离京前,遇到了内阁学士何桂清。何是王有龄父亲的学生,穷困时曾得到王父的救助,后因兵乱失去了联系。这次,何桂清帮助王有龄,使他一日未"候"就补上了浙江省粮台总办的实缺。

再说胡雪岩,把钱庄的五百两银子送给了王有龄,因此不敢回钱庄,再度流浪,还怕钱庄找他算账。

而王有龄还算有良心,任职浙江粮台后四处寻找胡雪岩。王找到了他,不仅替他还清债,还让他去粮台做事。胡一边为王做事,一边由王资助做起了生意,很快成为杭州城里的大商人。

咸丰十年(1860年),王有龄升任浙江巡抚,便保举胡雪岩做了浙江粮台总办。有巡抚的支持和浙江通省财务之职,胡雪岩生意火红,手头周转资金以千万计,成了浙江首富,当时通国之中也少有富过他的。

这个富甲一方的大商人,不久又遇上了左宗棠。

前文已述,王有龄被李秀成大军包围,因与湘军有过节,曾国藩不予发兵救援,让他守土失责自缢而死,王有龄成了最短命的清朝巡抚。

在李秀成大军围攻杭州之前,王有龄准备死守,派胡雪岩去上海购买军火和粮食。当胡雪岩押着满载枪炮和军粮的二十余艘货船,自上海开往杭州,驶入钱塘江时,杭州已被包围,无法把物资运入杭州城。

不久,左宗棠率八千楚军进入浙江。当王有龄自杀、杭州城沦陷,胡雪岩的大批物资仍滞留钱塘江时,正是左宗棠大军最困难之时。

于是,胡雪岩把二十多船军用物资献给了新任巡抚左宗棠。这真是雪中送炭!光洋米就足有二十万石!当时一石米一百两银子的高价,可也无米可买，楚军总是饿肚子行军打仗，道上饿死的饥民处处可见！

左宗棠正是有了这二十万石大米和其他军需辎重，才能坚持作战，这是楚军作战胜利最根本的保障。

原先，左宗棠知胡雪岩是王有龄的心腹，还不愿见他。当他看到那二十多船救命的军需，就像见到天上降下的宝贝，欣喜若狂，庆幸自己每到关键时总有贵人出来相助。

那几天，左宗棠每日与胡雪岩交谈，了解浙江的军事经济状况。他见胡雪岩办事认真，为人忠贞不贰，称赞他"急公慕义，勤干有为"，也让他担任军队的粮台和转运局会办。从此，胡雪岩成了左氏的左膀右臂。在以后的战争中，一直为楚军筹粮筹款，转运物资。

战后，左宗棠为医治战争创伤，赈济难民，招商开市，恢复生产，也都是胡雪岩帮助料理一切。他以自己在商界的地位，募集物资、款项，同样是治理一方的关键人物。

同治四年（1865年），左宗棠升任闽浙总督离浙入闽，一到福州便奏调胡雪岩去闽相助。一到福州，胡雪岩便建议左宗棠创办福州船政局。船厂建立后，胡雪岩把"聘洋匠、雇华工、开艺局"等事务"一手包揽"。造船的机器，也是他从法商洋行联系买进的。不久，中国第一代近代轮船业从这里诞生。

由于胡雪岩对造船业务有功，左宗棠保举他升任候补道员，加布政使衔。

后来，英俄支持浩罕国阿古柏率军侵略新疆，清廷命左宗棠出关作战，左率七万楚军过河西走廊入疆。

左宗棠远离内陆出关迎敌，遇到兵饷、武器供应等重重困难，这些困难又是胡雪岩为他解决的。左氏出关前，奏派胡雪岩为西征军后备粮台和转运局总办。

当时，清政府财政一直困难，拿不出钱供应西征军。胡雪岩跑遍东南数省，向商人借贷、募捐，所谓"东南协饷"，全是胡雪岩想方设法募来的，各省钱粮库藏早已耗竭了。

而阿古柏侵略军的装备，全由英俄两国供应，武器精良、弹药充足。左军万里奔波，既缺洋枪洋炮，弹药也没有多少。胡雪岩到上海、福州、广州向外商全力采购，及时运往西北前线。

胡雪岩将募借的银子、购买的武器、筹集的粮食，一站一站地转运到战场，保证了战争的胜利。左宗棠被胡雪岩的巨大贡献感动了！收复失地后，左宗棠受到了清廷的嘉奖。左宗棠上奏皇帝说："胡光墉功绩与前敌将领无殊"，与自己"万里同心"。

左氏经营西北，创设兰州织呢厂，又是胡雪岩为他购运机器和原材料。他还为左宗棠购买运送凿土机，帮助左宗棠兴修水利，在大西北开掘出长达二百余里的灌溉渠。

胡雪岩尽心竭力辅佐左宗棠，左宗棠也尽力保举他，使他几经升迁，官拜一品，赏穿黄马褂。这是当时最高的官衔和荣誉。这在整个清代，只有他一人，以商人身份得到的殊荣。从此，"红顶商人"成了他的代名词和雅号。

在协助左宗棠立功的同时，胡雪岩也不放松自己的经营事业。

早在为王有龄巡抚粮台总办时，他就在杭州搞了阜康钱庄。以后，皇帝给了他一品官衔，国家进入二十多年的和平午代，他利用官商一身的优势，大力扩充其商业版图。他是钱庄出身，钱庄业务遍及东南各大城市，杭州、上海、宁波、福州、汉口，他的钱庄、银号数十家，后来还在北京开设了福记银号。

银号之外，还在南北城市开设二十六家当铺，形成了纵横南北的银融典当网，吸收了大量社会闲置资金。当时达官贵人的巨款，都存在他的银号里，恭亲王奕䜣、刑部尚书文煜的存款最多。文煜的存款达五十余万两，奕䜣的存款不详，但一定比文煜要多。

胡雪岩的商业，以杭州胡庆余堂国药店办得最好。该药店高大的门额上，悬挂着他亲手书写的"戒欺"匾。开张之日，胡雪岩身着一品顶戴，亲自招呼顾客。一次,他见一个农民买了药,面有不悦之色,便把客人请入柜台内,审量所买之药成色不足。当着众客之面向农民道歉,为之重配好药,事后追查原因,以免再误。他在上海《申报》和各地刊登广告,宣传"戒欺"宗旨,还开办邮寄业务,使穷乡僻壤都能得到他的好药。

胡庆余堂的名声传至海内外,其所产四大类成药,当时国内外无不知晓。与北京的同仁堂,在中国南北各树一帜。

胡雪岩的商业积累十分惊人,最高达到三千多万两,有"活财神"之称。他致富不忘朝廷和穷苦百姓,曾无数次举资救灾。为直隶、甘肃、陕西、山东、山西、河南数省捐助的赈济款,动辄数十万两;而运往灾区的实物则无法计算。他还捐银十万,举办钱塘江义渡局,为人们往返钱塘江提供了方便条件。

他的义举为人称道,故有"活菩萨"之称。

然而,与左宗棠"万里同心"的"红顶商人"却在与帝国主义的"商战"中遇到了厄运,一夕破产,死于非命。

光绪九年(1883年)十一月初六,胡雪岩所有的钱庄、银号一齐倒闭。随后,其他人办的钱庄、银号,也纷纷关门。再后,他的各商行也都倒闭。中国的各工矿企业也都如同发生了大地震。

作为大名鼎鼎的"财神爷",一品官衔的胡雪岩,一个早晨便成了破落户。又挨蹭了两年,他便忧愤死去。

胡雪岩的突然破产,是由于他以数千万之资与洋商进行"商战",反对帝国主义经济入侵,不敌所致。

江浙一带是中国的生丝产地,洋商以雄厚的资金垄断了这一带的生丝贸易。他们利用不平等条约规定的许多特权,盘剥桑农,排挤华商,牟取暴利。胡雪岩看在眼里,心中生气。

他决心打败洋人,夺回江浙的蚕丝市场。

光绪八年(1882年),当生丝上市时,胡雪岩出资两千万两,派人把那里的新丝全部包买,使洋商"欲买一斤而莫得"。洋商只好找他谈判,欲加利一千万买下他的生丝。如此巨大的利润，对一个商人来说实在难得，但胡雪岩却一口回绝。

洋商见胡雪岩这般强硬，也采取了狠招。他们约集一起在上海开会，决定当年不再做生丝买卖，让胡雪岩的生丝积压在库房里。

第二年，新丝上市，洋人出资抢购，而胡雪岩去年的生丝因洋人不与他做生意，全堆积在库房变成了旧丝，他再无力与洋人争斗。

胡雪岩出面，让中国商人集资抵抗。但因大家力量不足，看到胡雪岩的局面之惨，再加上中法战争即将爆发，商人们不敢冒险。当年的生丝被洋商抢购一空，同时约定不买胡雪岩的旧丝，让他彻底垮台。

两千万两的生丝不能出手，其他生意做不了，银钱号业务也皆停顿。到1883年底，爆发了中法战争。战争的恐慌刺激了持有胡氏银钱号票据者，他们争先要求兑现。

光绪九年十一月六日（1883年12月6日）早晨，胡氏所有钱庄被持票者包围，仅几个小时，上海、北京、杭州、宁波、福州、汉口等各地钱庄被挤兑一空。史料上说，胡氏经营多年的钱庄、银号"不经日而肆闭"。

爱国商人胡雪岩因与洋人"商战"失败，一下子破产了！

清政府不念其劳绩，落井下石。挤兑风起，王公大臣联合上疏，要求皇帝下旨，摘掉他的顶戴，查抄他的家产。

文煜更是黑心，他拉上恭亲王，说他们存在胡氏钱庄的款子，是准备报效国家的积蓄。光绪闻奏一切照办，还饬地方"捕拿治罪"。

胡雪岩的银号倒闭了。但金融风潮暴起，首先是全国的金融业，接着是各类工商业都纷纷倒闭。不旋踵间，仅上海就有七十八家钱庄跟着封门，四百多家商行破产。

生产企业跟着遭殃，股市大跌，生产也无法维持。如享有盛誉的上海轮船招商局、开平矿务局，1882年股市价格高达250%多。因胡雪岩事件的影响，1883年降到50%以下①。一般小企业的股票，变得一文不值，中国近代企业面临巨大灾难。

清政府查封了胡氏产业，全部仅值数百万两，而官商企业的损失难以计算。但朝廷对胡雪岩忘恩负义的影响，岂能用金钱计算！

刑部接到上谕正准备捕拿胡雪岩，命令未达杭州，胡雪岩已于光绪十一年（1885年）十一月一日忧愤而殁。②

胡雪岩案件之初，光绪下旨让左宗棠"饬提该员严行追究"，因当时，左宗棠任两江总督，告发胡氏者多是上海人，他的主要业务也在上海。但是，圣旨才下，因中法战争爆发，朝廷又调左宗棠去前线督师。临离江督任前，左宗棠上书奏调曾国荃接任两江总督。所以，案子最终落到曾国荃手里。

实际上，要审理的事由已不多了。胡雪岩的银钱号都已被兑空，各商行也只剩下空房子，家产已被查抄了。控状里还有一项内容：胡雪岩为左宗棠西征军借洋款时，曾拿洋人十万六千两"补水"，饬令胡雪岩退赔。

这项罪名直接牵涉到左宗棠本人。曾国荃到任后，第一桩事务便是处理胡雪岩一案，而涉及人正好又是奏保他接任江督的左宗棠；左宗棠又正督军在中法战争的前线杀敌。

既是皇帝下旨，总要有个明白交代。曾国荃翻出当年的档案，所借洋款，按规定确有上数"补水"。但是，这些钱还不够当年胡雪岩为西征军运粮运械的运费。胡氏为西征军的作战着有劳绩，不能因其钱庄倒闭发生了案子，就回头折算其功劳。

曾国荃如实上奏，折中有语："胡光墉素业商贾，不足深责。……而为公家屡借巨款，咄咄立应，是其当日声名可以动众，究之就中点缀，所费当自不赀。"这个奏折公正地提出胡雪岩既已破产，不应再落井下石。而当年

---

① 《洋务运动与中国近代企业》，第170页。
② 参见李帆：《三十个富商大贾》，吉林文史出版社，1993年。

在紧要关头，一般人想借款都做不到，他为西征借了款，而"所费当自不赀"，没有什么利益可贪的。

曾国荃向与左宗棠关系甚好，左氏推荐曾氏代江督之职，曾氏又多方保护了胡雪岩，也算是左宗棠保护了他。

胡光墉被革职抄家，不久病死后，胡庆余堂和杭州元宝街的住宅都落入文煜之手，其他银钱各号及商行等，也尽易主。"红顶商人"的历史结束，很快就被淹没。而今随着对左宗棠的研究深入，才被破开历史的尘封。

十三 "君子之所争者国事"：犟脾气开罪朋友加恩人

左宗棠的犟脾气，一生开罪了许多朋友，包括对他有恩之人。世人论及此事，总认为他得罪谁也不该得罪曾国藩和郭嵩焘，因为此二人不光是他的同乡、同志、朋友，而且在危难时救过他的命，升迁晋级也都是曾氏维系。

此所谓"曾左失和""交恶"，论者甚众，所云亦纷，此处亦作简单交代。

"曾左失和"发生在太平天国失败后，先将时情述之。

太平天国后期，湘军和淮军已把其他地盘收复，仅剩苏南和浙江，被三个集团军围攻。

第一个是曾国藩湘军本部人马，曾国藩坐镇安庆，让他的九弟曾国荃推进到南京城下，在雨花台构垒设营，紧紧围困南京城。第二个是李鸿章，他把大军开到苏南，依托上海，"用沪平吴"①，打击苏南的太平军。第三个就是左系湘军即楚军，在浙江作战，目标是消灭这里的太平军，并堵住南京和苏南太平军败后南逃返回两广之路。

太平天国史的研究者，多是重笔书写金陵城下和李鸿章进攻苏南各城的战争情况，而对左宗棠的浙江用兵，的确用笔太轻。

左宗棠的楚军在镇压太平军的战争中，的确不可低估其作用。楚军初成，曾国藩驻军祁门时，左宗棠是他的后援和依托，太平军由"苏福省"开

---

① 苑书义：《李鸿章传》，第二章，人民出版社 1991 年。

来的增援部队，全被楚军堵住、击败、赶回。没有楚军的后援，曾国藩的祁门大营早就危险万分了。

而在后期的三个集团军作战中，曾国荃能专力围攻金陵，又是左宗棠在浙江作战作后盾，他们至少扯住了李秀成的二十多万精锐。

当时太平军的统帅是李秀成，他还有几十万军队，要守住金陵和苏南众多的城镇。浙江就成了大后方和饷粮供应地，这同原来湘军进攻皖南、楚军占据江西的形势几乎一样。有左宗棠的浙江作战，让李秀成首尾难顾，大军往返苏浙，十分困难。左军在浙江作战，同样成了曾国藩的前军依托，其作用之重要不言而喻。

后来，金陵城下，太平天国政权覆灭，在清政府论功时，却看轻了左宗棠楚军的作用和功劳。这，让左宗棠和部下将官心中不平衡。而后来的研究者，亦多研究曾国藩湘军和李鸿章淮军在与太平军作战中的情况，没能注目左宗棠。这，让一些左宗棠研究者，尤其是左宗棠的后人感到不满意。自然，在中华人民共和国成立后的数十年中，镇压太平军是反动行为，曾、李是"刽子手"，左宗棠的作为在收复新疆、打击沙俄、经营西北、抗击法国侵略者。所以，他是曾、李、左这些"中兴名臣"中，唯一叫得响的爱国者。

实际上，左氏镇压太平军、捻军和回民起义，所做的不比曾、李少在哪里。

所以，清政府当时对楚军的作战功劳看得轻，看重曾系湘军的劳绩，让左宗棠很恼火。这层意思，或许是左宗棠折告曾国藩，使"曾左失和"的一个原因。

如今我们分析当时曾国藩、胡林翼、李秀成、陈玉成的战争谋略，禁不住要惊服他们的高明。他们都可说是我国历史上的一流军事家。

无怪当年黄埔军校用曾胡兵法做重要教材，实际上李秀成、陈玉成也一样高明。由于各种原因他们最终失败了，所以后人不再学习他们，但这不能说明他们不高明。

自李秀成、陈玉成成为太平军后期的主将，为巩固以洪秀全为首的割据政权，他们的战略是：西进占据安徽和江西，南下占领浙江，然后逐步巩固、推进，扩大占领区，与清政府对峙，争夺天下。

曾国藩、胡林翼把李、陈的战略看得很透。所以，曾国藩把胡林翼、李鸿章、左宗棠等召集到宿松大营召开军事会议二十余日，除分析未来国家的大局之外，主要是研究抵抗太平军的对策。会后让李鸿章去淮北、左宗棠去长沙各自募集一军，占领江西和上海；湘军老营占据皖南，攻下安庆。这个计划，前文已论及。

而当安庆被攻陷、江西也丢失，李秀成只好压缩兵力，南下攻克杭州、占领浙江，以江浙地区作依托，拱卫南京。曾国藩则让李鸿章"用沪平吴"，以上海为依托，进军苏南；让左宗棠从江西往浙江推进，夺取这两块地区，而湘军主力则围攻南京。

李、左二军若不能得手，金陵也难攻陷。当时，李秀成已知金陵不久将不保，劝洪秀全"让城别走"，另作打算，以此打乱曾国藩的军事部署。但思想保守而又不知兵事的洪秀全却坚决不同意，贪图一时享受，龟缩南京等着挨打。他又强令守卫浙江的李世贤大军调回南京东面的镇江府，守在源阳与句容一带，这便给左宗棠在浙江的胜利提供了机会。

原先，李世贤固守金华，以严州、处州为犄角，与驻守衢州的左宗棠对峙。而李世贤大军北撤后，左宗棠采取了先攻龙游、寿昌、兰溪、汤溪，"撤其藩篱，犁其巢穴"，"然后分兵严、处"的战略。

到1863年初，严州、汤溪、金华、龙游等地经激战，皆被左军攻占。3月24日，左军从水陆两路进攻距杭州西南四十公里的富阳，太平军守将汪海洋坚守不退，直到9月20日才由蒋益澧大军在德克碑"常捷军"的配合下攻克富阳。

此时，浙江的太平军将领见大势已去，纷纷献城投降，平湖、乍浦、海盐、澉浦等处皆不战而降。尤其是驻守海宁的会王蔡元隆的投降影响较大，他从1854年加入太平军，战斗勇敢，兼备谋略，立有巨大战功，是打败"常胜军"的主力，曾在战役中打伤淮军统领李鸿章，先后升为主将和会王。

蔡元隆在海宁献城，率精锐五千投降蒋益澧，更名蔡元吉，倒戈攻击太平军。他作战凶狠，直接影响了杭州等重镇守将的战斗决心。

攻下富阳后，左宗棠命高连升、刘清亮攻克新桥，联合水师长驱直下，直捣杭州。由魏喻义、康国器两军进攻距杭州三十公里的余杭。蒋益澧主力由海宁趋向杭州，驻扎万松岭。经反复争夺，太平军皆遭败绩。

1864年初，左宗棠带病到杭州前沿指挥战斗。

杭州被困多日，守城的听王陈炳文、比王钱桂仁受蔡元隆等投降的影响，失去战斗意志，策动叛变。康王汪海洋坚决抵抗，陈炳文命其族兄陈大桂与左宗棠议降，被汪海洋发现，汪将一伙叛徒捕杀。

杭州城内外斗争白热化。3月28日，城墙被左军轰倒三丈，左军入城。3月30日夜，汪海洋突围出走，钱桂仁投降。陈炳文趁机逃走，于次年8月在金溪投降。

杭州城破，浙江省仅剩下湖州府在太平军手中，到1864年4月，浙江太平军将领，堵王黄文金、辅王杨辅清、佑王李远继、匡王赖文鸿、昭王黄文英、乐王谭应芝、列王黄明厚等，都集中在湖州最后的一个据点里。

左宗棠命提督高连升等在城外驻扎，与湖州太平军相持，直到天京陷落，湖州仍未攻下。

随着太平军在金陵宣告瓦解，湘军大部解散，李鸿章在苏南的战事也已停歇，唯有左宗棠楚军仍在浙江战斗。

天京城破日是同治三年六月十六日（1864年7月19日），湖州城的攻守战一直打到七月二十六日（8月28日），蒋益澧部破城而入，还展开激烈的巷战。湖州和各地的太平军南走，左军追杀，直到9月末才肃清全浙，把太平军从浙江赶走。

曾国藩早已预计，待金陵城破之日，便是清政府对湘军藏弓烹狗之时。所以，越是离破城之日近，他心里越是惶恐。然而，破城又是他每天盼着的结局，他心里多么矛盾，"日夜绕屋"，自我熬煎。

他思虑着如何渡过这一关。可无论怎么想，朝廷也会找事跟湘军过不去。

果然如此，该来的都来了。皇帝下旨表彰了湘军的劳绩，对有关将领一一加官晋爵；但同时对那些不曾打仗的地方官，也同样加封，封赏不比湘军将领低。于是，不大知趣的"老九"曾国荃高叫"不公平"。

可是，该庆祝的尚未弹冠，该叫屈的亦未叫出声，皇帝的第二道上谕下达：圣旨直接点了曾国荃、曾国藩的大名。问曾国藩为什么谎报军情，奏报幼天王"积薪自焚"？问曾国荃城破之时干什么去了，让"伪忠酋夹带伪幼主一千余人，自太平门缺口突出"？还说"金陵城陷于贼中十余年，外间传闻金银如海，百货充盈"，严令曾国藩查清报部，以备拨用。上谕杀机毕露地说：曾国藩从戎十余年，战功亦多，但望能慎终如始，永保勋名，"勿使骤而骄，庶可长承恩眷"①。

跪接圣旨的曾国荃听后，当场瘫倒在地。而后，兄弟俩合计着是哪些缺少德性之人，给他们背后捅了这几刀子！

恶仗打了十几年，战死的湖南子弟数以万计，金陵城破，逃走千把人和一个十余岁的娃娃，就要严惩？哪个将领作战，能把敌人一下子杀光抓光？

金陵被困好几年，城内最后弄得树皮草根都没得吃；就是有些银子，城破时亦被士兵抢劫，如何能"查清""报部""以备拨用"？

上谕勒令把李秀成、洪仁达等"押送京师听审"，这些人都已被杀，如何押送得去。

皇帝为什么下这样的严旨？曾国藩心里明白：这是不放心几十万湘军。

于是，他立即上书请求遣散湘军。清政府立即批准。

随后又上奏金陵城里确无金银可以"报部拨用"，但广东厘金、江西协

---

① 赵烈文：《能静居日记》，同治三年七月二十一日。

饷、湖南东征饷项等，可一律停拨。清政府也马上通过。

接着又上奏将曾国荃开缺回籍。清政府又爽快通过。

经过一番"自惕自盖"，遮天蔽日的黑云总算飘过，又是日丽风轻。

然而，到底是何人上奏上述罪名？曾国藩想知道。

没等曾国藩去打听，清廷直接向他递来告发他的奏折底稿。

御史朱镇、廖世民、蔡寿祺联衔上奏，曾国荃及湘军将领抢掠金陵，点火焚城，掩盖罪证。奏折危言：曾氏兄弟拥兵自重，实非国家之福。

左宗棠上奏："福瑱并未死，已逃至湖州。"这是左宗棠看了曾国藩的奏折，说幼天王洪福瑱在城破时"积薪自焚"。不久，有人向他报告：洪福瑱从江苏东坝逃来浙江广德，被堵王黄文金迎入湖州城。

于是，他立即把实情向朝廷上报。

按常规，既然曾国藩已上奏幼天王福瑱"积薪自焚"，而他又在浙江出现，左宗棠应该派人把消息报给曾国藩，让他相机处理。而针对曾氏的奏折上奏，那就是向皇帝告发曾国藩欺君。这可不是个小罪名。

果然，左宗棠的奏折给了清廷惩办曾国藩的口实。

曾国藩看罢朝廷发给他的奏折，心里很不是滋味。朝廷为什么要把这个秘密揭示给他？朝廷完全可以为三御史和左宗棠保密，或把折本留中，根据其内容要求曾国藩就是。

猛然间，曾国藩想通了。皇帝所以如此做，一是警告他，千万注意：你曾国藩莫要"乘时而起"，朝廷有办法对付你，趁早夹起尾巴做个"中兴名臣"。真要"乘时而起"，连你提拔起来的左宗棠、你的学生李鸿章等，都会向着朝廷。想想李元度、沈葆桢们的背叛，皇帝如果惩罚他，除彭玉麟和自家兄弟外，的确没有人会向着他。

他明白了：自太平军败，朝廷不再相信他，而要用左宗棠、李鸿章等制衡他。这让他进一步相信宫中的传闻，慈禧惯会制造矛盾、利用矛盾，驾驭百官、削减山头、平衡各派。这是个很厉害的女人。

然而，左宗棠的行为实让他心寒。联系到李元度的事，他更不能忍受。

李元度兵败逃走，挟军饷投奔了王有龄，王有龄保荐他升任按察使，募兵八千军队，名曰"安越军"。王有龄死后，左宗棠为浙江巡抚，把"安越军"纳入楚军序列。因左宗棠需要军队打仗，饥不择食，这一点曾国藩明白，所以原谅了左宗棠。

但是，李元度只会要饷，不会打仗，却处处冒功，欺骗地方官府和皇帝，且因闹军饷屡误军机。所以，曾国藩曾两次上折弹劾。

李元度的"安越军"属于左宗棠的军队，但左宗棠的军队仍属湘军一支，所以李元度仍算湘军一支。因此，曾国藩仍可以弹劾他。何况，即使他不属湘军了，曾国藩或别的官员，都有权弹劾。

可是左宗棠又针对曾国藩，直接上奏驳斥曾国藩，为李元度辩护。如曾氏弹劾李元度徽州失守逃走之罪，是1860年9月，太平军"西征"，目的是牵动皖南湘军救武昌，以解安庆之围。曾国藩在宿松大营时已交代李元度坚守徽州，轻易不予敌交战。但李元度不听令，开城与李世贤交战，他见形势不妙，首先逃命而去，造成六千守城军溃散，徽州失守。

左宗棠却说李元度战而不守，败后失踪，故此无罪。

李元度逃走，挟饷逃去浙江，投奔王有龄，曾氏上折弹劾罢职。但王保奏其招募八千军队，为其所用，曾氏劾其擅招丁勇。左宗棠为其名状，以为李元度既已撤销处分，募兵乃合法之举。

李元度领八千"安越军"在浙、赣、皖三省游走，四处要饷却不与敌作战，又不断向皇帝报捷，欺君惑众。

左宗棠奏折中承认李元度在他的麾下也只会讨饷，从不作战。但却为之说情，以为此人只是不会打仗，却善良忠顺。而曾国藩劾之，却是出于"臣僚情义之私"，不是"国家刑赏之公"。

李元度的背离，曾让曾国藩痛心疾首，而左宗棠却如此护着他。实际上，左宗棠此举很不值，李之罪既已成立，以曾国藩的统帅地位，劾一逃走失地之将，非常正常，为何非要上折驳斥？

曾国藩认为左宗棠对他也是严重的背叛，比李元度的背叛还严重，简直不要良心。尤其是在他最困难之时，左宗棠却落井下石。他思虑再三，本不想争辩，因为敌军中幼天王是否逃走，亦难推定，但想到左氏如此捅他的刀子，心生愤恨，才一反常态，也上奏指责左氏说："杭州克复时，伪康王汪海洋、伪听王陈炳文两股十万之众，全数逸出，未闻纠参。"

左宗棠闻曾氏之奏，也不客气，立即上折反驳："致云抚城全数出窜，未闻纠参，尤不可解。金陵早已合围，而杭余并未能合围也。金陵报杀贼净尽，杭州报首逆实已窜出也。臣欲纠参，亦乌得而纠参之争！"左氏还直接说："臣屡以为言，而曾国藩漠然不复介意……因意见之蔽，遂发为欺侮之词，似有未可！"

至此，左宗棠已撕破面皮，直言曾氏谎报军情；又言曾氏不听规劝，挟"意见之蔽"，"发欺侮之词"。

从此，曾左二人断绝了往来，八年未通一信。当时弄得满天下无人不知，用现在的时兴话说，让亲者痛，仇者快。

八年后，即曾国藩逝世之前，突接来自西北的信件。慢慢打开来，知是左季高断交八年后的来信。信中的一段说：八年不通音问，世上议论者何止千百！然皆以己度人，漫不着边际。君子之所争者国事，与私情之厚薄无关也；而弟素喜意气用事，亦不怪世人之妄猜臆测。……弟与兄均年过花甲，垂垂老矣，今生来日有几何，尚仍以小儿意气用事，后辈当哂之。前事如烟，何须问孰是孰非；余日苦短，唯互勉自珍自爱。

信中强调当年"所争者国家"，与二人的私情无关；同时检讨自己"素喜意气用事"，弄得世人议论纷纷。

不久，曾国藩病逝于金陵总督府。左宗棠为之挽曰：

谋国之忠，知人之明，自愧不如元辅；
同心若金，攻错若石，相期无负平生。①

---

① 《左宗棠全集》，第 13 册，第 485 页、第 169 页。

同时，左宗棠给儿子孝威致信多通，再四表白自己，与朋友"居心宜直，用情宜厚"，"绝无城府"，让儿子"赴吊敬以父执……申吾不尽之意"①。

左宗棠的这些表白，还是可信的。主要是他的犟脾气，"居心宜直""绝无城府"，让他未加深虑，上奏了幼天王并未死，已逃至浙江湖州。一个"并"字，正是揭露曾国藩上奏的幼天王"自焚而死"，引发了慈禧下旨问罪，引发了二人的争议，也引发了世人的议论纷纷。实则只要左氏当时稍稍想想，把实情报告曾氏，让曾氏去处理，就不会造成那样的恶劣后果。

左宗棠不光开罪了曾国藩，而且还开罪了救过他命的另一个朋友郭嵩焘。

世人皆知，当年左宗棠就要被"就地正法"了，郭嵩焘上下其手，从阎王殿里把他拉了出来。事情前文已述。

在左宗棠与漏网太平军大将汪海洋作战时，郭嵩焘刚刚就任广东巡抚。而两广总督毛鸿宾、广州将军瑞麟都不是能和衷共济之人，他新到广东，即受挤压。

不久，汪海洋等率军逃至广东。毛鸿宾和瑞麟不关心战事，把责任全推给守土有责的郭嵩焘。而郭氏根本不知仗该如何打法，他是当时先进的思想家，要讨论时政，他会把君主立宪说得头头是道，以为君主专制是时代垃圾。最后他的倒霉就由于此，朝廷把他的第一任出使大臣之职撤免，湖南家乡闹着去烧他的住房、挖他家的祖坟。

汪海洋做困兽之斗，打得广东清军连吃败仗。左宗棠大军只是把汪海洋从浙江、福建赶走，也没能消灭之。但是，当广东清军连连失败后，他却给慈禧上奏，说郭嵩焘不知兵事，广东军情要麻烦。慈禧闻奏，立即下旨申斥

---

① 《左宗棠全集》，第 13 册，第 485 页、第 169 页。

郭嵩焘，并让左宗棠派兵前往广东。

当时，曾国藩湘军已解散，湘军大将鲍超军队缺饷走散，左宗棠便让他募兵前往广东。郭嵩焘见左宗棠上折揭露他，因此受到批评；又见左宗棠派鲍超前来，不久前其"霆军"哗变四处抢掠而散，如今却来广东，于是赶紧上奏，拒绝鲍超前来。

鲍超不来了，但汪海洋却在广东大败清军。左宗棠只好派康国器、关镇邦前往，结果遭到了埋伏，死伤极为惨重。

郭嵩焘看到左军也打不过汪海洋，正自思忖。左宗棠兵败恼火，又上奏折，揭发广东谎报军情，督抚不和。

郭嵩焘再次遭到严旨批评。慈禧加派左宗棠处理郭嵩焘问题，实则让他率军去广东对付汪海洋。

左宗棠开始百般推脱，实在推不掉了，才率军到了广东。

一到广东，他便把郭嵩焘大责一通，毫不顾及同乡、儿女亲家和救命之恩的情分，骂他是软骨头、书呆子。最后，让郭嵩焘必须拿出军饷粮秣，才能替他打仗。

但是，郭嵩焘新来广东，又不善理财，广东的钱在哪里，他根本不晓。

这下子左宗棠可真火了：我老左带兵前来救火，你连军饷都不能提供，你还做个鸟巡抚！于是，他立即上奏弹劾，说郭嵩焘没有做巡抚的资格，提名他的手下大将蒋益澧取代之。

于是，蒋益澧"诏授广东巡抚"，取代了郭嵩焘。然后，左宗棠仍不饶他，继续上折弹劾，说了很多郭嵩焘无知无能的话。

左宗棠接连四次弹劾郭嵩焘，内容都被郭知道了。他说，所以在广东没做好，是"内见嫉于同事，外见侮于故人"。

此后，二人不再来往，儿女亲家也像中断了。

后来左宗棠西征胜利，衣锦还乡。郭嵩焘已被罢黜，待在家里受人监视。左宗棠要求相见，被郭几次拒绝。直到左宗棠逝世，郭嵩焘派人送去挽联，上面写道：

> 世需才，才亦需世；
> 公负我，我不负公。

此联表达了郭氏的激愤，亦表达了虽然左氏辜负了他，但他一生却未辜负左，每在紧要关头相助相救。不平之气，溢于字里行间。

十四 "仿制轮船，庶为海疆长久之计"：创设福州船政局

左宗棠的一生大事业，从创设福州船政局、开办福州马尾造船厂开始。这项大事业，统归同治年间开始的"同光新政"，史称洋务运动。

在镇压太平军和第二次鸦片战争中，上自恭亲王奕䜣，下至曾国藩、李鸿章、左宗棠等带兵大员，都目睹了洋人的"船坚炮利"。他们同时想到了学习西方，请洋人指导，仿造西洋枪炮和火轮船，近则"剿发捻"，远可御海疆。

在制造轮船方面，曾国藩和左宗棠也同时有所举动。

同治元年，曾国藩在新政下的安庆建立军械所，试制了一批洋枪洋炮。第二年他便鼓励军械所的工程师李善兰、徐寿、华蘅芳等研制军舰。经努力，先是研制出中国第一部发动机。又经一番努力，于同治二年末，即1864年初，制出了第一只轮船"黄鹄"号①。这是个仅有二十五吨的小轮船，同西洋轮船相比，只能算是个试验模型。曾国藩令徐寿等制造大型轮船，但中国的技术仅止于此，徐寿等人只能造出那样的小船。

左宗棠也同曾氏一样，看到西方的军舰行驶快捷很是羡慕，在浙江巡抚任内屡屡上书总理衙门，要求仿造军舰。早在同治二年二月，他就奏称："将来经费有出，当图仿制轮船，庶为海疆长久之计。"②

---

① 张国辉：《洋务运动与中国近代企业》，第31页。
② 《左宗棠全集》，第15册，第1002、1003页。

在左氏与总理衙门往返讨论期间，法国人找到左宗棠，要求为他设立造船厂，中法两国合伙制造，被他当即拒绝。

同治三年，左氏也邀请技师制成了一只小轮船，于九月十六日（10月16日），在西湖里试航①，德克碑和税务司日意格看了说："大致不差，唯轮机须从西洋购觅，乃臻捷便。"②

此后，左宗棠便让德克碑操办造轮船的技术事宜，并让胡雪岩主管造船厂事务，编制预算，购买机器等。

但是，因慈禧催他去福建镇压太平军余部，他只得暂缓筹建工作，督师入闽。

此后，德克碑回法国，为他寄来船厂图册，并细列购置机器、招募外国技师等计划，由日意格带到漳州大营面呈。

左宗棠在营房中反复向日意格询问造船细节，打算上奏开办造船厂。恰在此时，清廷上层突然发生了关于造船不如买船的议论。原来这是英国见到法国帮助左宗棠建设造船厂，企图阻挠，英国驻福州领事贾禄也直接找到左宗棠，声言"造船费用难成，不如买见（现）成船为便宜"③。

左宗棠先是给总理衙门反复写信，又直接上书朝廷，申明造船的好处："漕政兴，军政举，商民之困纾，海关之税旺，一时之费，数世之利也。"④

清政府举棋不定，又密询左宗棠。左氏连上奏折，言"英人最狡诈，其说不怀好意，万不可轻信"。"中国自强之策，除修明政事、精练兵勇外，必应仿造轮船，以夺彼族之所恃"。"就局势而言，借不如雇，雇不如买，买不如自造"。

他从第二次鸦片战争的教训分析："国家建都于燕，津实为要镇，自海上用兵以来，泰西各国火轮兵船直达天津，藩篱尽成虚设"，"彼此同以大

---

① 《左宗棠全集》，第15册，第1002、1003页。
② 《左宗棠年谱》，第128页。
③ 《左文襄公全集·奏稿》，第18卷，第5页。
④ 《左文襄公全集·书牍》，第8卷，第55页。

海为利，彼有所恃，我独无之，譬犹渡河，人操舟而我结筏；譬如使马，人跨骏而我骑驴，可乎？"①

左宗棠为此，写了很多奏折，说了很多话。说明当此之时，关于自造轮船之举，他在地方大员中，是最积极的一个。

因此，说左宗棠代表了中国近代造船事业，一点也不夸张。

尤其是，他对英国人欲控制中国的海防，引诱清政府购买英国的轮船，阻挠中国自力更生，看得很透，表示自己坚决抵制的态度。

这仍然表明左宗棠在反对外敌入侵方面，较奕䜣、李鸿章等更坚定。

近代中国，一些思想较为靠近西方的人，往往不想同西方人抗争；而思想传统者，反抗外敌坚决，但又趋向于保守。

左宗棠似乎不保守，而又能坚决与外敌抗争，这是他的一个特色，一个很大的优点。

过去论定他利用法国的造船技术自造轮船是"亲法派"②，的确失之武断。一个没有先进技术的国家，引进外国的技术、聘用外人作技师，是难以避免的，无论何国，一开始进行先进的工业生产，都有过这一阶段。

左宗棠关于设立造船厂的奏稿，立足点在于抗敌御侮，在于"夺敌所恃"。他说："如有决裂，则彼己之形所宜审也：陆地之战，彼之所长皆我所长，有其过之，无弗及也；若纵横海上，彼有轮船，我尚无之，形无与格，势无与禁，将若之何？此微臣所为鳃鳃过计，拟习造轮船，兼习驾驶，怀之三年，乃有此请也。"③

在左宗棠于同治五年五月十三日（1866年6月25日）《复陈筹议洋务事宜折》上奏之后，清政府于六月初三（7月14日）颁发上谕，批准了左宗棠设厂造船的请求，旨称"该督现拟于闽省择地设厂，购买机器，雇募洋臣，试造火轮船只，实系当今应办急务。……所陈各条，均着照议办理。一切未

---

① 《左文襄公全集·奏稿》，第18卷，第4页。
② 张国辉：《洋务运动与中国近代企业》，第39页。
③ 《左宗棠全集·奏稿》，第3卷，第67页。

尽事宜，仍着详悉议奏"。

得到皇帝批准，左宗棠与日意格、胡雪岩等一起制订设厂具体计划，进入设厂的实施阶段。

造船厂址，设于福州外港之马尾罗星塔，左氏购买民田二百余亩，宽一百三十丈、长一百一十丈、水深十二丈，在此范围设立船槽、铁厂、船厂及办公住宿地①。

购机造船的设想是：购置机器，雇熟习机器之洋匠。以机器制造机器，造一轮船即练一船之兵，以轮船和海军渐次布置沿海，遥卫津沽。适于民生日用者，亦次第为之。即造船练兵，先为巩固海疆，再行制造民生日用之物、之船。

关于筹造船之款：以闽海关收入为基本经费，不足者以厘金补之。广东巡抚蒋益澧、浙江巡抚马新贻，亦在两省藩库内为之供款。

选用洋技师，先立条约：以其技术高低定待遇；以其实效定赏罚。总之"权自我操"，不令洋匠自行其是，等等②。

左宗棠为福州马尾造船厂拟订了一个五年计划，五年内造出大轮船十一艘、小轮船五艘，均照外洋兵轮式样，总经费不逾三百万两。

马尾造船厂仿江南、金陵机器局之名，为福州船政局，左宗棠以闽浙总督兼任船政大臣，聘日意格、德克碑为正副监督，胡雪岩为局内一切事务的主持。

创建中的船政局由钢铁制造厂、造船厂、船政学堂三部分组成。学堂设航海制造和航海驾驶两班，聘请英法教员，法国人教制造，英国人教驾驶。制造班为前学堂，一律学法文；驾驶班学英文，为后学堂。学生毕业水平，制造班学生达到按图制造轮船；驾驶班达到船长的水平，能监造和驾驶轮船。

在船政局紧张建设之时，西北突然发生声势浩大的回民起义，起义军与

---

① 张国辉：《洋务运动与中国近代企业》，第40页。
② 《左宗棠全集·奏稿三》，第61—63页。

北方的捻军相呼应，力量不亚于刚刚失败的太平军。清政府急忙调两江总督曾国藩北去剿捻，而调左宗棠前往西北去镇压回民起义军。

左宗棠担心船政局中途夭折，书信中云："西行万里，别无系恋，唯此事未成，又恐此时不能终局，至为焦急耳！"经一番周折，他推荐丁忧在籍的沈葆桢接任，并再四上奏，让朝廷给沈葆桢以全权、布政使周开锡负责经费安排、胡雪岩仍为船政局常务工作之主持。他还强调，局务中的大事决定，仍由他预闻；奏报中他还要列名。

一切安排就绪，左宗棠卸任闽浙总督，以陕甘总督衔率军前往西北，于当年十一月十二日（1866年12月18日）离开福州，取道江西、湖北，进入陕西。

福州造船厂经一年筹办，于1868年1月18日由沈葆桢宣布正式开局。船政局规模浩大，有占地四百五十平方丈的大型船坞；坞内临江处设有宏大的船槽；船槽后面设有钢铁厂、机器厂、造船厂、锯木厂、木料厂；船坞之东北设有办公楼、船政学堂、外工宿舍、煤厂、员工宿舍。船政局总人数为二千六百余，五十余名外籍员工，是当时远东最大的造船厂之一[①]。

同治八年五月一日（1869年6月10日），第一艘轮船造成下水，取名"万年青"，吨位为一千四百五十吨，船上装有六门大炮，载重三百五十吨。实际上，这是一艘有火炮装置的货轮。

沈葆桢亲自登轮试航，驶往天津交由三口通商大臣崇厚代表清政府验收。

这艘轮船与英德等国当时出产的轮船，无法相衡量，但毕竟是中国造出的一艘真正的近代轮船。船上的舵手、水手、管轮等清一色为中国人，并无一个洋人。说明中国也进入了近代造船和驾驶时代。

福州船政局在以后的七年，共造出大小轮船15艘，总吨位16170吨。15艘轮船分别如下：万年青，1450吨；湄云，515吨；福星，515吨；伏波，1258吨；安澜，1005吨；镇海，572吨；扬武，1393吨；飞云，572吨；靖

---

① 《沈文肃公政书》，第4卷，第5-8页。

远，572吨；振威，572吨；济安，1258吨；永保，1391吨；海镜，1391吨；琛航，1391吨；大雅，1391吨。①

远在西北的左宗棠时刻关心造船厂的情况，当他闻报"万年青"号下水，高兴万分，给沈葆桢写信说："不越十年，海上气象一新，……国耻足以振矣！"②

然而，通晓世界造船形势者却指责福州造出的轮船型号太旧，马力不足，"不过是个大玩具而已，完全无用"③。言官们闻讯纷纷上奏，揭露船厂"靡费太重"，所造无用之物，要求饬查原因，停止生产。

左宗棠、沈葆桢则坚决要求继续生产。两江总督曾国藩已在江南制造局内设立船坞造船，也造出了惠吉、操江、测海、威靖等多只轮船④。此时见舆论指责，也呼应左、沈二人，要求继续制造。

而李鸿章则反对中国造船，主张用造船的经费直接购买外国先进的轮船。他指责曾左："闽船创自左公，沪船创自曾相。敌人早知不足御侮，徒添靡费，今已成事而欲善其后，不亦难乎！"⑤

恰在此时，曾国藩突然病故，沈葆桢去了台湾，左宗棠忙于西北的战事，李鸿章完全控制了局面。清政府令李鸿章通盘考虑船厂的去留，李鸿章一反常态，批驳舆论对造船的攻击，说："左宗棠创造闽省轮船，曾国藩饬造沪局轮船，皆为国家筹久远之计，岂不知费钜而效迟哉？"⑥

这样，马尾造船厂继续开办。到甲午战争开始，又造出十九艘轮船，最大者为二千四百吨位，小者仅有五十吨位。

这些轮船皆取自法国的技术和设备。1874年船局辞退了大部分外国技术员，改由船政学堂的毕业生主持，但其造船技术也是法国人传授的。当时，

---

① 张国辉：《洋务运动与中国近代企业》，第44页"表"。
② 《左文襄公全集·书牍》，第62卷，第21页。
③ 《华北捷报》，1874年3月5日。
④ 张国辉：《洋务运动与中国近代企业》，第32、48页。
⑤ 张国辉：《洋务运动与中国近代企业》，第32、48页。
⑥ 《李文忠公全集·朋僚函稿》，第12卷，第2页。

法国的造船水平不高，而日意格聘用的技术人员及引进的设备，比法国本土的又差许多。所以，所造船只都很差。

因此，在中法战争中，法国舰队挑起马尾海战，马尾造船厂制造的军舰仅在几分钟内便非毁即沉。利用法国技术设备制造之船，在法国舰队的打击下，如此不堪，可见其落后程度之大了。

若是自相比较，马尾船厂所造之船越来越好；但若与英、德等国相比较，差距却越来越大。19世纪中期后，德国、英国等资本主义国家的造船技术突飞猛进。德国的伏耳铿造船厂可造出七八千吨位的大型战列舰（中国称之为铁甲舰）。而英国的造船技术，可以造出时速二十多节的轻型巡洋舰和装甲巡洋舰。中国福州、江南两船厂所造之船，根本无法与之相比较。

李鸿章通晓此情。所以，自从1874年日本侵略台湾，清政府确立了"海防新政"：年拨款四百万两；十年建成南洋、北洋、粤洋三支舰队；李鸿章负责筹建海军衙门。此后，李鸿章仍把主要经费用以购买英国和德国制造的船炮，基本放弃了自己制造的方针。他亲自统理的北洋舰队的主力舰鱼雷艇，全部购于德、英两国。

无论如何，左宗棠以御辱为目的，首先筹建中国的近代造船厂，筹办中国自己的海军，有人把他称为"中国近代海军之父"，也是言之有理的。

左氏在船厂里设立的船政学堂，也是我国近代第一所海军学校，是培养近代海军军官和造船技术人才的摇篮。该校培养的毕业生充实了各舰队的军官和管轮技术人员，其中一批去欧洲留学，归国后成为著名科学家和军舰指挥官。如"定远"号管带刘步蟾、"镇远"号管带林泰曾、"靖远"号管带叶祖珪、"经远"号管带林永升、"致远"号管带邓世昌等，都是该学堂的首届毕业生。

至于近代铁路工程师詹天佑、西学大师严复，这些大家熟知的著名人物，也是船政学堂的毕业生。而且，是由左宗棠奏请派赴西洋的留学生[①]。

---

① 《左文襄公全集·书牍》，第9卷，第50页。

十五 "国家不可无陕甘"：受命西征

左宗棠受命西征，清政府是让他西去镇压回民起义，并进军新疆，收复失地。但是，在西去的途中，遇上捻军起义，他同剿捻主帅李鸿章联合作战，最终镇压了西捻军，因此受到了慈禧、慈安两宫太后和皇帝的接见，授太子太保殊勋。

在太平军起义的十几年中，北部中国发生了捻军起义，陕甘地区的回民也各举反抗旗帜，使当时的北部和西北各地一片混乱。沙俄和英国乘乱在中国西部边疆挑衅，在内忧外患一起到来之时，清政府调闽浙总督左宗棠率军西征。由此开始了左宗棠一生中最为光辉的事业。

过去史书对捻军论述不够，总认为捻军不像太平军那样有组织有战斗目标，只是分散、流动的起义民众。

实际上，捻军的分散性是在太平天国起义之前，那时只是分散的反政府武装团伙。而当太平天国失败后，太平天国余部退至鄂、豫、皖地区，原陈玉成军中的遵王赖文光，组织了余部和捻军张宗禹、任化邦、牛宏升等，吸收淮北广大地区的反抗群众，组织起新的抗清起义大军。

赖文光是一位文武兼备的起义领导人。他组织新的武装力量，完全按太平军组织原则，改编了捻军。他放弃了原来太平军的番号，以捻军组织，更易吸收北方民众；太平军已失败，利用捻军为号召，表明是一支新的起义部队。其实，在赖文光组织新的武装力量前，"捻"，还是一股股分散的反抗武装，称"捻子""捻党"，很难称为"捻军"。

大致情况是，赖文光改变太平军固守一城一地的战略，组织骑兵，以万骑奔袭，急如狂飙，打击清军。蒙古亲王僧格林沁也以蒙古骑兵与捻军对抗，结果被捻军打死，其万余王牌骑兵也遭全歼。

僧格林沁死后，清廷命曾国藩北上剿捻。而湘军此时已经解散，曾国藩只好率淮军和清军绿营与捻军作战。结果，这些军队不听驾驭，战斗力也远非赖文光的捻军可比。结果，征战两年，无功而回，写下了这位"中兴名臣"败走麦城的记录。

在与曾国藩战斗过程中，捻军分成了两部分，一部由赖文光率领，一部由张宗禹率领，史称东捻军和西捻军。

曾国藩剿捻无功，清廷派李鸿章代之。李鸿章仍采取曾氏"以静制动""河防"大计，把捻军圈在大河一边；又以枪炮热武器武装部队。这些作战原则，行之有效，先把赖文光的东捻军消灭在运河以东、胶莱河之间。

张宗禹率领的西捻军战斗在陕西，闻东捻军危急时，率军由陕西经山西入直隶，以便吸引淮军，解东捻军之危。

西捻军的入关，震动了京师。左宗棠便是在此时，被急调出师剿捻的。

同治五年九月（1866年10月），左宗棠在福州接到清廷命他去西北剿捻的命令。

当时他有所疑虑，以为在东南可有作为。船政局正在紧张建设之中，将来建设海军、搞航运、经营台湾（当时台湾归福建管辖）、采煤炼钢、发展纺织蚕桑和工农业，正可大展宏图。

自己已是五十五岁之人了，远行大西北，放下当前顺利开展的建设事业，前途如何，难以预料。

然而，朝廷既已下旨，个人得失、未来结果也不能考虑了。"天下事总要人干，国家不可无陕甘，陕甘不可无总督。一介书生，数年任兼圻，岂可避难就易哉！"[①]

---

① 《左宗棠全集》，第13册，第159页。

左宗棠收拾就道前上奏入京陛见，因军情急迫，朝廷命他赶紧出师。十二月下旬左宗棠到达湖北黄冈，接到第二道上谕。十二月二十六日（1867年1月31日）抵达武昌，接到第三道上谕，催他入陕。

在武昌，左宗棠进行了军事调整：原来只打算从楚军选六千精锐出关，临近西北再就地解决兵源，这主要是考虑出关作战的军粮运输困难。但捻军进攻急迫，仅六千人马不足，他让楚军将领刘典帮办陕甘军务，率一万二千人马，从湖南入鄂；又请调广东提督高连升五千人马由广东北上。

他又致书老朋友王柏心邀前来，与之谈论军务，征求对策。王柏心"罄所知以告"。王熟悉陕甘情形，对捻军的特点也很了解。他给左宗棠的建议是，用兵应"缓进急战"，尤其是对付捻军的骑兵，更应以充分时间作军事准备，以迅猛之军速战速决。而进兵大西北，粮草自关内难以运达，应以"车营屯田为时务所急"[①]。左宗棠受到启发，亦表示："自古用兵塞上，屯田以裕军储，车营以遏突骑，方略取胜，剿抚兼施，一定之理。"[②]王柏心给他的用兵建议，左氏运用有效，取胜之后，一直不忘老朋友的帮助。

左宗棠在武昌等待部队到来，同时按王柏心的建议，训练"车营"。"车营"以车为单位，一部战车，上载开山大炮一门，配车正一人、车勇四人；随战车的部队，有战士十人，选一名队长率领。共编练了十五营，每营有战车三十八辆。这实际上是我国古代战车与车战的借鉴，古代战车上没有火炮，左宗棠安上了火炮，戚继光与倭寇作战时，也曾用过"车营"。左宗棠自诩他发明的"车营"："车与炮合，车粗重而炮灵便，可以击远。行则成营，止则成阵。虽万骑纵横，不能撼我。"[③]

他的"车营"主要是用来对付捻军的骑兵，后来在与捻军作战中也确曾用过，他也曾说："贼见即绝叫狂奔，毫不抵拒。"这主要是车上的大炮对捻军的骑兵，发挥了长处。因为捻军的骑兵队，仍以冷兵器马刀为武器，遇

---

① 王柏心：《百柱堂全集》，第34卷，第11页。
② 《左宗棠年谱》，第143页。
③ 《左文襄公全集·批札》，第1卷，第37页。

上近代热武器，就无能为力了。李鸿章能打败捻军，就是以火枪和大炮打击捻军的骑兵队，大炮轰来，未经热武器训练的战马，顿时不知所措，战阵混乱，自相践踏。左宗棠的车营也是大炮发挥了威力。但总体上说，以人推车而行，在西北山道上十分不便，因此很快就放弃了。即使在左宗棠手定的《楚军营制》上，也不见有"车营"的内容。如果如前面他所说的那般厉害，他是不会将此漏编在"营制"中的。

他原在东南水乡作战，马队不适用；而去了西北，就需马队。他原说"以马队制步队，以车队制马队，以火器制飘忽不定的捻匪"，所以在武昌时便命人在察哈尔买来战马三千匹，从吉林猎户中募兵，在吉林置备鞍鞯，奏由两地副都统分别负责。原想编练马队十营，结果只练了四营。

左宗棠在武昌停了大约三个月，约齐集了步、骑、车营二万余，于同治六年二月二十日（1867年3月25日）由汉口出师北进。

当时，清廷命他直接进入陕西，把西捻军消灭在陕西境内，不许其入关。所以，左宗棠从汉口分兵三路北进入陕：他自率大队从樊城入潼关；刘典从汉口入荆紫关；高连升走水路，从汉水到旬阳蜀河口登陆，进入川陕沿边地区。

前进途中，闻西安告急，湘军的未裁部队（称"老营"）刘松山率领十七营步兵、骑兵三营，奉调入陕，已与捻军多次交战，解除了西安的威胁。曾国藩向清廷上奏，让刘松山的近万人马归左宗棠指挥，刘松山成为左宗棠西征军的一支劲旅。

左军在途中边行军边与捻军作战，直至7月中旬才到达函谷，7月19日抵潼关，山西按察使陈湜当即来见。陈湜是湖南湘乡人，也是左宗棠的老乡。二人按照曾国藩、李鸿章的"防河大计"，决定以陕西、山西的千里黄河，堵住由陕西东来的西捻军。为守住黄河防线，他们增加了防守军队，仅陈湜一军就增加到八千人，有炮船百余艘。这段河防，总兵力达到二万余，炮船五六百艘①。

左宗棠对捻军的策略与地方官不同，当时地方官对飘忽不定的剿军只想驱之于自己管辖的地区之外，时谓"驱贼"。但左宗棠以"驱贼"为大辱，他说："办贼之要，不外剿抚两字，并未闻以驱贼为长策。"②

因此，左宗棠站在千里黄河堤上，向他的部下宣布自己的战斗目标：不许捻军向西与回军合流，不许捻军南渡渭河，回到河南；更不许捻军东渡黄河，向中原和京畿发展。他要把西捻军挤压在黄河以西、泾、洛两河以东的狭长地带，把他们全歼，或让他们投降。

然而，捻军却没有按左宗棠设想的那样去做，农历十月以后，天气渐冷，黄河有了冰凌；冰桥一成，捻军就可以渡河，左宗棠传令严密戒备。十一月的某一天，寒风忽起，黄河结成冰桥。西捻军踏着冰桥，在壶口抢渡，守河的炮船尽成废物。西捻军渡过黄河，进入山西；又转向南渡过黄河，进入河南；再向北渡过黄河，进入直隶，横冲直撞，一路驰过平乡、巨鹿、邯郸、顺德、定州，直逼保定。同治七年正月十三日（1868年2月4日），捻军进入易州，前锋抵达京西卢沟桥。

慈禧一见，既慌又怒，一下子把李鸿章、官文（直隶总督）、左宗棠、李鹤年（河南巡抚）等全部罢官。左宗棠命刘松山、郭宝昌两军穷追不舍，自己把陕西军务暂交刘典负责，率部进入直隶。李鸿章已剿灭了东捻军，也率领淮军赶到，河南、山东等省的驻防军都一齐涌入直隶，京畿驻防军也由北向南迎击。

形势对西捻军极为不利，张宗禹只好催师回头南下，左宗棠率军抵达保定。慈禧下懿旨："直隶各军，总归左宗棠统制。"左氏认定最急要者是捻军进攻京师，让朝廷受到威迫，所以他把直隶各省的剿捻军分为三路：一路为"近防军"，驻扎涿州、固安，专为拱卫京师部队；二路为"助剿且防

---

① 秦翰才：《左文襄公在西北》，第82页。
② 《左文襄公全集·批札》，第1卷，第39页。

军"，分驻保定、天津、河间，做京师的第二道防线，配合内外进剿敌军；三路为"进剿之军"，专门跟踪、追打敌人。慈禧批准了左宗棠的奏疏，同时命令恭亲王亲自为各军的统帅，节制直隶和京师军队；令崇厚驻守天津、丁宝桢驻军河间；令李鸿章、安徽巡抚英年尽快赶往京畿。

左宗棠以自己统领的部队为"进剿之军"，令各部尾追敌军，"趋而歼之"。

二月上旬，捻军由深州、祁州趋博野。

刘松山、宗庆、张曜三支劲旅在深州赶上了捻军，于二月十五日（3月8日）打败敌人，斩杀数百人。捻军败走安平，又被郭松林、杨鼎勋赶上击败。捻军败走献县，西奔晋州。

二月十七日（3月10日），李鸿章抵直隶景州。

二月二十一日（3月14日），刘松山军日行军一百六十里，在饶阳赶上张宗禹主力，与张曜、宗庆联合作战，大败捻军，击毙西捻军重要首领张五孩。

二月二十五日（3月18日），张宗禹率败军南渡滹沱河，刘松山追到北岸，斩杀大批未及渡河的捻军。

捻军一路狂走，渡过漳河，进入河南。

左宗棠、李鸿章指挥大军紧追。左宗棠驻军彰德（今安阳），李鸿章赶到大名府，左宗棠亦赶往大名与李氏相会。在此接到懿旨：命李鸿章统领前敌各军，左宗棠专防直隶运河，不许捻军再回窜。恭亲王上奏，限令一月内全歼西捻军。

左宗棠回师直隶，在德州驻扎。张宗禹也率军快速攻至静海，直逼天津。天津守军与英、法炮船联合，以运河为防线。西捻军见天津难攻，又沿海滨南下，返回山东。

5月上旬，雨季到来，遍地水洼、泥泞，捻军的马队行军极为困难。洪水泛滥，造成运河水涨至一丈六尺；沧州以南捷地坝至海滨百余里的减河水涨，形成自然防线，捻军再北进已不可能。自章丘至临清的二百余里干涸的黄河，也陡涨丈余。

清军的炮船在黄河、运河、减河行驶，"炮船鼓棹如飞"。

这样，捻军被"横溢四出，流潦纵横"的河水阻挡，自然形成了"南以黄河、西以运河、北以减河为凭藉"的包围圈，使之受到致命威胁。

原来，左、李二人在如何剿捻的问题上，战略大不一致。李鸿章主张"以守待变"；左宗棠的战略方向是大西北，在剿捻战略上极力主张速战速决的"追袭"。

待雨水涨满各河漕，清军炮船在各河中上下"鼓棹如飞"时，李、左二人的战略达成了一致。同治七年四月二十九日（1868年5月21日），左、李二人在德州桑园会面，决定了"划河圈地"和"且防且剿"的战备相结合，即"圈制"与"追剿"相结合的原则。

捻军在三河的区域内奔走，剿捻诸军云集，四处追袭。捻军四处奔突，皆不得计，最后进入鲁北。左、李二军不失时机地"缩地围扎"，在马颊河与徒骇河"圈制"，把捻军压迫在高唐、商河、惠民的狭长地带。

张宗禹率军在山东茌平突围南奔，李鸿章指挥淮军奔向茌平。捻军奔宁津，刘松山追至，在吴桥一战，斩杀千余。余众奔德平，刘松山、郭运昌二军追至，捻军败散，投降者七千余人。

张宗禹率少数人马突走临邑、清平、博平，左军追袭而至。时天降大雨，徒骇河暴涨，淮军刘铭传部赶至，将张宗禹逼至河滨，张宗禹投水，不知所终。

至此，西捻军全军覆灭。

清廷论剿捻之功，李鸿章赫然居首，赏加太子太保衔，荣升协办大学士。左宗棠亦加太子太保，论为一等军功，左氏拒不接受，只想为刘松山及其他将领请功。他怀疑李鸿章奏报张宗禹投水死不可靠，乃派队四处搜捕。

因此，此举进一步触怒了李鸿章。他给曾国藩写信，以三国曹操相比："此次张捻之灭，天时地利人和实兼有之，祇一左公龁龂到底。……阿瞒本色，于此毕露，不知胡文忠（胡林翼）当日何以如许推重也。"①

曾国藩已数年不与左氏通往还，这次与李鸿章通信，了解剿捻战场的情形，对左宗棠的行为更加愤怒，写信给遭左宗棠弹劾丢广东巡抚之职的郭嵩焘，议论左氏的品行不端，"伸秦师而抑淮勇"②。

自此，曾、李与左的关系更加恶化。

而左宗棠此时也有情绪，有"自陈衰病乞罢"之请。

慈禧自然不会允他退休，乃命其入京陛见。

八月初五日（9月20日），左宗棠乘轮至天津，初十至北京。十五日（9月30日），两宫太后召见，命他前往西北平复"回乱"，并问平乱需几多时日？左氏回答，五年方可办妥。

慈禧问道，何要五年之长？左氏言进兵、运粮、筹饷诸多困难，五年已非长。

---

① 李鸿章：《复曾相》，《李文忠公全书·朋僚函稿》，第8卷，第48-49页。
② 曾国藩：《复郭筠仙中丞》，《曾文正公书札》，第26卷，第38页。

十六 "不论汉回,只辨良匪":平定陕甘回乱

陕甘回乱是个极为复杂的问题。虽可总称"回民起义",但亦有回汉相仇的民族纠纷,尚有宗教等问题,不一而足。

西北地区的陕西、甘肃、宁夏、青海等省,是回民集居地区。远在唐代,内陆与西北文化交流频繁,朝廷政策已达西北各省,回民照例参加科举,优者亦可做官。

元朝以降,伊斯兰教传入我国西北,回民多数信教,中国称伊斯兰为"回回教"。宗教造成此处的汉回信仰不同,生活习惯差异很大,不相通婚,不易杂居。

回汉矛盾本可用正确的民族政策去协调解决,但清廷以少数民族入主中原,在民族政策上总是失误。

清政府征服了蒙古、青海、新疆、甘肃等地,但依然使用军事统治方法。统治这些地区的是将军、都统制。宁夏将军、凉州副都统、办理青海事务大臣全是满洲贵族,各地城守,全是八旗驻防。即统管西北地区的汉、蒙、回、番各民族者,尽是满洲人。

建立行省制的甘肃和陕西,总督和巡抚与内地也不相同,也多用满贵。

总之,清政府认为西北是个特殊地区,还是用满洲贵族统治比较放心。

满贵以军事制度统治西北,就不会好好发展生产,其驻军的饷源,全靠各省供给,史称"协饷"。

道光帝生怕这里出事后一时无饷供应,预先命封存二百万两银于甘肃藩

库,亦算有远见。但是,到太平天国兴起,朝廷不久便花光了存银。陈玉成曾派陈得才、赖文光入陕,经营西北,这里的回民受其影响,举旗响应。

清政府派多隆阿补授西安将军,督办陕西军务。随后又派胜保入陕,协助作战。但胜保作威作福,还藐视慈禧女流主政,不把西北军事放在要处,结果多隆阿受旨逮捕了胜保,传至京师"赐令自尽"。

多隆阿大举进攻陕回和义军太平军,也被打死。但回民武装受到清军压迫,多进入甘肃。

再者,陕甘地区的统治者不仅无意调解这里原本存在的民族矛盾,而且还故意挑起矛盾,"以汉制回",使汉回矛盾愈演愈烈。两方矛盾尖锐,皆各自组织武装力量,相互仇杀。

例如同治二年(1863年)六月,陕西团练大臣张芾组织汉族团练惨杀回民,焚毁回民房屋五百余户,杀死了每户的男女老幼,还焚毁许多回民教堂,使得回汉矛盾更加激化。当年八月,回军攻破平凉,十二月,回军攻破宁夏府,也都大杀汉民,达到复仇目的。

左宗棠入甘前,了解到上述情形,对出关平乱有了明确认识。他认为陕甘发生回乱,地方官的责任极大,直言:"甘肃之军,不能保卫人民,反而扰民";那里的团练"既像团练,又像土匪"。所以,"陕回之祸,由于汉回构怨以久,变乱实乃汉人挑起"①。

对平乱的政策,他上奏道:"此次陕西汉回仇杀,事起细微,因平时积衅过深,成此浩劫。此时如专言剿,无论诛不胜诛,后患仍无了日。且回民自唐以来,杂处中国,蕃衍孳息,千数百年,久已别成气类,岂有一旦诛夷不留遗种之理!"

左宗棠仍坚持当年林则徐任云贵总督时处理当地回民乱事的政策,即"但分良莠,不分回汉,良则虽回必保,莠则虽汉必诛"。他上奏提出的政策亦与林则徐一样:"不论回汉,只辨良匪,以期解纷释怨,共乐升

---

① 《左文襄公全集·批札》,第2卷,第62页。

平。"①始入陕甘，即四处发布《谕汉回民示》，曰：

大军西征，由秦趋陇。杀贼安民，良善无恐。匪盗纵横，害吾赤子。剿绝其命，良非得已。多杀非仁，轻怒伤勇。诛上元恶，诅必非种。凡厥平民，被贼裹胁，归诚免死，禁止剽劫。汉回仇杀，事起细微。汉既惨矣，回亦无归。帝曰："汉回，皆吾民也。匪人必诛，宥其良者。"使者用兵，仁义节制。用剿用抚，何威何惠。……②

据说，回民们看到告示"帝曰"一段时，不禁感动而落泪。因此，左宗棠表示效当年孔明"讨孟获，深纳攻心之策，七擒七纵之"。"剿抚兼施"，抚是最终目的，剿是不得已而为的手段。

从总的形势上说，自同治初，西北太平军陈得才、赖文光进军西北，到达西安以东的渭南，回民响应。起义军以渭南仓渡镇、同州（今大荔）王阁庄和羌白镇为基地，首领是伊斯兰教阿訇洪兴、任武、赫明堂等，组织十八大营，控制了渭河两岸。半年后，多隆阿出兵剿回，攻占了羌白镇和王阁庄，回民义军转入甘肃。此时，甘肃、宁夏、青海地区的回民与洪兴等相呼应，也纷纷发动起义。

当时形成了四支力量：甘肃南部，以河州（今临夏）和狄道（今临洮）为中心，马占鳌为首领。宁夏南部，以灵州（今灵武）和金积堡为中心，马化龙为首领。青海东部，以西宁为中心，马文义（即马尕三）为首领。甘肃西部，以肃州（今酒泉）为中心，马文禄为首领。其中，以金鸡堡马化龙力量最强。

同治七年（1868年）十月十三日，左宗棠调集陕西巡抚刘典，甘肃提督高连升，汉中镇总兵李辉武，道员魏光焘、黄鼎等召开会议，讨论用兵计

---

① 《左宗棠全集》，第15册，第1027页。
② 《左文襄公全集·告示》，第8页。

划。他以回军自成派系、互不相属的特点，决定在战略上各个击破。确定三路进攻：刘松山万余人由陕北绥德西进，金运昌卓胜军驻延长，张曜嵩武军驻榆林，刘厚基、成定康二部驻绥德。此为北路军。

南路军李耀南、吴士迈从陇州、宝鸡西进，黄鼎部驻守邠州（今彬县），李辉武部驻宝鸡，张岳龄部驻陇州，俞步莲部驻千阳。

中路军魏光焘由富县西进，高连升驻守宜君西，刘端冕驻守甘泉一带。

三路军采取先北后南计划，刘松山攻董福祥。成功后，以南路军驱赶回军。成功后，进取金积堡。而后进取河州、西宁。

董志原回军闻清军西来，向东北的洛川、澄城和西南的陇州、灵台出击。汉族反清武装力量董福祥亦响应董志原进攻绥德，李双良等攻延安、清涧，先后被西征军打败。

十一月中旬，刘松山部进攻绥德和大小理川的回军堡垒。至十二月初，大获全胜。董福祥部队投降，其后大多解散，精壮者归入刘松山老湘营。

西征军在进攻四大回军据点之先，一是击败董福祥汉族反清军，二是击溃董志原回军。

董志原回军数万人，扼陕甘两省要冲，控制北起安化的驿马关、南到宁州的丘家堡、东起合水的西华池、西至镇原县的萧金镇的大片区域，西北与金积堡回军联营，西南达泾州和平凉。其势力在马莲河西，纵达一百五十里、横越二百八十里[①]。

董志原分兵十八路迎击西征军，皆不得志，乃并十八路为四路，准备退守金积堡。然而，西征军分兵堵击，终于大败董军，歼敌三万余。

董志原回军大败，西征军面临甘肃回部的四大堡垒，即金积堡、河州、西宁和肃州。其中，金积堡是全局胜利的关键。如左氏所言："西事关纽，全在金积，此关一开，全局在握。"

马化龙前已被"招抚"，并被清廷任为副将。但是，左宗棠见董志原溃

---

① 秦翰才：《左文襄公在西北》，第84页。

败后，逃散的回军皆被其收编，知其受抚是假。

金积堡在唐时称灵武，唐肃宗在安史之乱时，曾逃至此即位，用郭子仪、李光弼为大将，达到"大业中兴"。

马化龙盘踞此区，在其外围建堡五六百个。金积堡本身墙高四丈，厚三丈余，周围九十余里，堡中建堡，四处墙垒交错，深沟环复，甚为坚固。

这里土地肥沃，物产丰盈，以茶马贸易，远通东北诸省，近通蒙古各部落。马化龙还与洋商进行贸易，其居处皆以洋布糊壁，甚为富足。

左宗棠在陕甘的平乱，以进攻马化龙费时最多、费力最大。他用了一年时间，反复进攻，损失众多兵力，才算平息叛乱。

同治八年（1869年）五月，左军分兵三路进攻金积堡。然而，此前老湘营发生了四营兵变，影响了刘松山的进军；高连升的军队也哗变，高在兵变中被杀。

待兵变平息后，左宗棠才命刘松山、魏光焘分北、南两路进攻金积堡。

马化龙一向轻视清军，刘松山则以迅雷之速突袭距金积堡三十里的吴忠堡和永宁洞。在郭家桥一战中，平其堡垒二十余座。马化龙故伎重演，一面声言"乞抚"，一面加固防守，派兵进攻灵州。

同治九年正月十五日（1870年2月27日），马化龙又以"议抚"为由，引诱刘松山前来，结果刘松山竟被回军用大炮轰死。

刘松山中计死亡，一时令全局大震，皇帝发严旨诘责左宗棠，并有让李鸿章取代剿回之议[①]。事平，左氏奏以刘松山侄刘锦棠接任"老湘军"之统。

马化龙后来又要求招抚，左宗棠以全部缴械为条件，方可受抚。至九月，西征诸军合围金积堡，堡内缺粮，几度突围不成。至十月，外堡五百七十余座尽被攻破。

十一月，马家滩、王洪寨的陈琳、阎兴春率万余回军投降，被送平凉安

[①] 《左宗棠全集》，第 15 册，第 1016 页。

插，发给牛、粮和农具耕垦。

十一月十六日（同治九年），1871年1月6日，马化龙向刘锦棠献堡投降。

同治十年正月十二（3月2日），将马化龙及其家属、部将等一千八百人处死，妇幼等一万二千人送固原安插①。

十年六月，调集大军沿洮河两岸，三路向河州回部进军。马占鳌吸取了马化龙的教训，于六月二十五日（7月30日）献垒投降，交出战马四千余匹，枪械一万四千余件。左宗棠将回汉百姓三千余户迁至安定、平凉安插；将马占鳌部改编，马仍为统领。

在进攻金积堡战役前夕，左宗棠受任陕甘总督，总督署驻地为兰州。因兰州东、西、南三面与河州相连，当河州马占鳌投降后，左宗棠才于同治十一年七月十五日（8月18日）进驻兰州。

回军的第三个据点是西宁，首领马文义死后，马永福继任，在西征军进攻河州时，马文义要求招抚，但西宁之南大小南川的回军不肯就抚。

在西征军到来之前，马永福的两个侄子马桂源、马本源已被招抚。马桂源被任命为西宁知府，马本源为西宁镇标游击并代行总兵职务。被清军追赶的白彦虎、禹得彦等回军首领也逃到西宁，被马桂源兄弟收留。

左宗棠答应马永福的请抚要求后，回军又强调要防备陕回，不肯缴出枪马。左宗棠派刘锦棠率马步十八营，赴西宁之郊，以帮助他们防陕回为名，实际是监视他们的行动。

果然，马氏兄弟的就抚是假，当刘锦棠军队到达时，西宁城内外的回军向西征军一齐开火，西宁城门关闭，炮击西征军。

西宁城外的湟水岸边和山坡上，到处修有暗垒，暗垒中的火炮也向刘锦棠军开火轰击。一时间，老湘营损失很大。

双方交火，大战两个多月，才将西宁城外的回军击败，马永福开城投

---

① 《左宗棠全集》，第15册，第1018页。

降。白彦虎等率两千余人向西逃入新疆境内。十月二十日（11月20日），刘锦棠兵进西宁城。

西宁回部既下，最后的一个回军集团是盘踞肃州的马文禄。

还在河州大战时，俄国借口新疆回乱，边疆不靖，于五月派兵突然侵占新疆伊犁地区，并向东部用兵，新疆形势危急。七月，清政府命左宗棠抓紧攻下肃州，向新疆出师。七月二十七日，左宗棠上《派兵前赴肃州折》，折中指出俄人的凶恶和狡诈，今取我伊犁，诈称"代为收复"，又称即将"代复我乌鲁木齐"，故此，应迅即克河湟、肃州，而后向西用兵，已急派提督徐占彪率马步十二营向肃州进发①。

肃州向为历代西北重镇，城高三丈六尺，厚三丈有奇。外濠阔八丈三尺，深二丈，实易守难攻之城。同治四年二月，马文禄（又名马忠良、马四）乘中原内乱时盘踞该城，官兵几次进剿，有败无胜。甘肃提督杨占鳌等只得与马文禄媾和，美其名曰受抚，实则马文禄借"受抚"之际，抓紧备战，并与新疆"清真王"妥得璘联络。

马文禄闻左军出关，又闻徐占彪向肃州进发，乃准备对抗，西宁的溃军也投奔肃州，蒙古科布多城也被其攻陷。

十一年二月，徐占彪军抵肃州，控制了城南三十里的要冲红水坝，同时夺取城西南的塔尔湾，攻占外城堡垒一百多座。然后步步向州城紧逼。此时，河州、西宁已下，左宗棠又派宋庆、陶生林两军前往肃州。不久，张曜、金顺二军亦赶往会攻。

攻城的战斗十分激烈，诸军轮番进攻，直攻了一年多也未攻下。

同治十二年七月，左宗棠率西征军于兰州启行西去，二十五日抵凉州，八月初四抵甘州，八月十二日（10月3日）抵达肃州，督师加强攻势。

此时，攻城军已从城外开挖地道至城下，准备诸军约期齐攻。10月4日，左宗棠绕城一周，巡视攻守战情。马文禄登城，看到了左宗棠的帅旗，

---

① 《左宗棠全集》，第15册，第1018页。

心惊胆寒，顿生降意。

10月6日，左宗棠在南门孔雀园设帐，指挥全军发起总攻，双方激战竟日。

10月7日，徐占彪以地道埋药炸开城墙，宋庆军首先攻上墙垒，但遭敌炮击，将领张林等官兵死伤多人。

10月10日，地道里的炸药多处爆炸，炸开城墙，双方激战。进攻部队死者数百，将领杨世俊中弹身亡。

左宗棠下令停止进攻，令各军修筑壕垒，围困敌人，待机攻城。

10月30日，刘锦棠老湘营从西宁开到，驻扎城南。围城军欢声雷动，守军为之气馁。

11月4日，马文禄只身出城，参拜左宗棠，请求招抚。左宗棠答以全部军械、马匹缴出，并造清户籍、人口册缴来，方可招抚。

马文禄对汉人大肆杀戮，上次招抚时，城内尚有汉人三万余，这次上报的汉族人口仅余一千一百多人。

11月12日，左宗棠下令把杀人太多、罪大恶极的马文禄等九人凌迟，处死外来投奔马文禄的回军一千五百七十三名。

左宗棠下令各路人马入城。当晚，西征军在肃州城内大肆杀戮，共杀回族民众五千四百余人。这样，城内、城外的回民几被杀光，仅余数百老弱，亦被驱散①。

肃州城攻破，西征军血洗州城。

左宗棠授为协办大学士，加赏一等轻骑都尉世职。

至此，陕甘回乱完全平定。自同治七年底入陕，至同治十二年九月攻下肃州，恰是五年。这正好符合左宗棠五年前觐见时，回答两宫皇太后的"五年为期"。

---

① 《左宗棠全集》，第15册，第1022页。

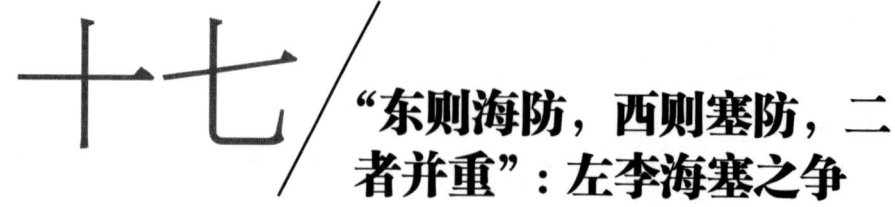

十七 "东则海防，西则塞防，二者并重"：左李海塞之争

海防与塞防问题，是清政府在同光之交面临的最大问题。

原因是中国的东南沿海和西北新疆，同时遭受了外敌入侵；在如何防卫方面，发生了海防与塞防的争论。

争论双方的两个巨头就是李鸿章与左宗棠。

左宗棠所以率军西征，原因便是西北发生了塞防问题。

真正的起因是当时英国和俄国在中亚地区争夺殖民地。俄国是中国西北到东北边疆的强大敌人，一直在蚕食中国领土。第二次鸦片战争期间，已通过《瑷珲条约》"从中国夺取了一块大小等于法德两国面积的领土和一条同多瑙河一样长的河流"①。

此后，俄国继续南侵，企图占领新疆和蒙古。在新疆方面，首先进攻与新疆毗邻的浩罕国，浩罕国的帕夏（即司令）阿古柏率军进入我国新疆，数年间侵占新疆南路八城，建立"哲德莎尔"王国，野蛮压迫奴役新疆各族人民。而沙俄则把浩罕国征服，使之成为附庸国，那么阿古柏也就成了俄国侵略新疆的殖民先锋。

前文已提到，沙俄借口新疆动乱，妨碍其边境安宁，直接出兵占领伊犁。此后，又与阿古柏达成《喀什噶尔条约》，把势力扩展到南部新疆。

英国也同样在占领印度、伊朗、阿富汗领土之后，进一步向我国新疆发

---

① 恩格斯：《俄国在远东的成功》，《马克思恩格斯全集》，中文版，第12卷，第662页。

展势力。英国为实现这一愿望,也支持拉拢阿古柏。它利用印度与新疆接壤,不断以武器弹药支持阿古柏。同时,利用占领的土耳其,以土耳其的宗教控制阿古柏。土耳其苏丹对中亚信仰伊斯兰教的广大地区,有极大的影响力。阿古柏也信仰伊斯兰教,并承认土耳其为上国,请求封号。在英国的指使下,土耳其苏丹封阿古柏为"艾米尔"(即统治者)。1873年,英国和阿古柏互派代表在喀什噶尔谈判,第二年签订正式条约,英国承认阿古柏"艾米尔"地位,阿古柏授予英国驻使、通商、设领等权利[①]。

与此同时,中国东南边境也出现了海防问题。首当其冲者是台湾。

1867年,美国借口失事船只"罗佛"号的水手在台湾遇害,公然出动军队侵略台湾南端的琅峤(今恒春)。美国驻厦门领事李仙得也亲自去了台湾,搜集各方面的资料。但因美国尚无力侵占台湾,遂结束了他们的侵略试探。

而当时积极寻求向台湾发展势力的是日本,日本外务相富岛种臣希望得到台湾的资料,便聘用"台湾通"李仙得为其"策士"。

1874年4月,日本政府成立"台湾事务局",任命大隈重信为长官,在长崎设立侵台军事基地,以陆军中将西乡从道为台湾事务都督,发兵三千余名图谋从台湾南端下手,侵占台湾东部。

4月18日,英国公使向清政府透露了日本人的侵略消息。随后,清廷一方面向日本国提出抗议,另一方面派遣福州船政大臣沈葆桢为"钦差办理台湾等处海防兼理各国事务大臣"。

沈葆桢接旨后,便率领军舰,以巡阅为名,前往台湾。

日本人在台湾登陆后,对当地高山族人民大肆烧杀抢掠。当地人民虽然武器落后,但也进行了坚决抵抗。

同时,入侵台湾的日本士兵,也遭受了病疫威胁,死亡很多。加上清政府派军舰前往,当时的日本资本主义发展才刚刚起步,还远非中国的对手。

---

① 《国闻周报》,第11卷,《清季回疆独立之始末及其外交》。

在其进退两难之时，清政府派福建布政使潘尉去台湾找西方从道谈判，正好给了日本人"借坡下驴"的机会。

此后，日本与中国在北京进行了三个月的谈判，于1874年10月31日签订了《北京条约》，规定日本军撤出台湾，清政府赔款五十万两①。

台湾遭受侵略，清政府在极为有理有利的情况下，反而赔款了结。如此，对日本及列强侵略中国，起到了纵容作用。

此后，清政府上层开始注意日本，李鸿章提出"海疆备虚"，日本从海上袭来，朝发夕至，"为中国永久大患"②，要求"切筹海防"。

于是，海防与塞防问题提上日程。而当时主要的问题是国家财政困难：内忧使清政府连年用兵，再出现西北塞防和东南海防，究竟何重何轻？

于是，就出现了海防与塞防的争论。

当时，湖南巡抚王文韶提出，因目前俄国的威胁最大，"尚宜以全力注重西北"，"但使俄人不能逞志于西北，则各国必不致构衅于东南"③。

湖广总督李瀚章、两江总督沈葆桢、福建巡抚王凯泰、两江总督李宗羲、江苏巡抚丁日昌等都反对王文韶的意见，主张海防为当前第一要务，必须优先筹办。

实际上，他们都是李鸿章主张的呼应者。

李鸿章才是最大的弃塞防、专注海防派的首领。

李鸿章让"熟习洋务"的幕僚薛福成代笔的《筹议海防折》，系统阐述了对海防和塞防问题的看法④。

该奏折的中心内容是强调海防的重要性，提出建立北洋、南海、东洋三支海军，向英、德等国购买铁甲舰。而筹办三洋水师、购置战船、编练海陆各师，亟须巨款，在"财用极绌"之时，断言"新疆不复，于肢体之元气无

---

① 《李文忠公全集·朋僚函稿》，第14卷，第29—30页。
② 《同治朝筹办夷务始末》，第99卷，第32、61页。
③ 《同治朝筹办夷务始末》，第99卷，第32、61页。
④ 《李文忠公全集·奏稿》，第24卷，第19—21页。

伤；海疆不防，则腹心之大患愈棘"。因此，请求清廷下令停止进军新疆，改用招抚办法，准许已占领南疆的阿古柏，如云、贵、粤属的苗瑶土司那样，自为部落。或如越南、朝鲜那样，让阿古柏以新疆为清朝的属国，向清廷称臣纳贡即可。"其停撤之饷，即匀作海防之饷，否则只此财力，既备东南万里之海疆，又备西北万里之饷运，有不困穷颠踬者哉？"

同时，李鸿章还授意丁日昌，围绕总理衙门原奏六条"筹议海防办法"，写成《海防条议》，由李鸿章代呈，来支持自己的意见。当他看到丁日昌的"条议"，非常高兴，给丁复信称："逐条皆有切实办法，大意似与拙作（指《筹议海防折》——引者）一鼻孔出气……此皆鸿章意中所欲言而未敢尽情吐露者，今得淋漓大笔发挥尽致。"①

自然，我们论事应通盘看待，不能攻其一点不及其余。李鸿章、丁日昌等，是洋务派的代表人物，他们当时主张对中国的军事、文教、经济诸方面进行改革。李、丁二人的奏折和条议，总体设计注目发展洋务，提出修铁路、办工厂、开采煤铁各矿、办银行、设电报、设立新式学校等。这些事业都是亟待要办的，而且受到顽固派的激烈攻击。丁日昌呼应李鸿章主要在于新政事业，因此被时人骂为"丁鬼奴"。

许多评述左宗棠的著作，大都只谈李鸿章的弃塞防为"卖国"，而忽略了李鸿章、丁日昌等人奏折、条议中的根本内容。然而，李、丁等人，要发展洋务事业，要加强海防力量，在亟缺财政支持时，才不得已放弃塞防而不顾的。

自然，李鸿章"渐弃新疆"，让阿古柏独立成国或为苗瑶土司，也的确大错特错了。因为这个提法，加上后来他总是在外敌入侵时，坚持"和戎""避战""暂屈以求伸"的主张，才给世人留下"卖国"的骂名，亦属咎由自取。

本来，此次的议论主要是关于海防问题，没有涉及塞防，清廷仅让沿海

---

① 李鸿章：《复丁雨生中丞》，《李文忠公全集·朋僚函稿》，第15卷，第6页。

省份的督抚们讨论。但是，李鸿章等人的议论涉及了西北塞防，所以清廷也让陕甘总督左宗棠发表意见。左宗棠连续两次上书总理衙门，就总署筹议海防条陈意见。他认为，东南、东北、西北各边疆，皆应兼顾，不能"扶起东边，倒却西边"；若顾了东南而停止西北的供饷，而沙俄鲸吞我西北，迫在眉睫，"事机之急，莫此为甚"，"大局何以能支"？

另外，他对李鸿章等人提出的创设三洋水师也提出了看法，认为"洋防一水可通，有轮船则闻警可赴。北东南三洋只须各驻轮船，常川会哨，自有常山率然之势。若划为三洋，各专责成，则畛域攸分，翻恐因此贻误……"①

1874年年底，正当各省督抚大都发表了意见，应该汇齐主张之际，同治帝突然病死，因光绪继位、慈禧垂帘等事，直拖到1875年3月，清廷才又接着让大家拿出最后的意见。此后，海防之议进入到廷议阶段。

光绪帝之父醇亲王奕譞支持李鸿章的意见，要求停止向西北供饷，专办海防；礼亲王世铎也同意专办海防，但反对李鸿章用开办工矿企业来增加收入的做法②。通政使于凌辰、大理寺少卿王家璧等，则借机会大肆攻击洋务事业，大骂丁日昌是"丁鬼奴"，攻击李鸿章是要"因夷变夏"。

因左宗棠还在大西北，奏议往来较迟。他于光绪元年三月初七日（1875年4月12日），上奏了《复陈海防塞防及关外剿抚粮运情形折》，提出："窃维时事之宜筹、谟谋之宜定者，东则海防，西则塞防，二者并重"，如果此时停止向西征军供饷，等于自撤藩篱，"是停兵节饷，于海防未必有益，于边塞则大有所妨"③。

左宗棠的意见对"廷议"产生了很大影响，恭亲王奕䜣再度让左宗棠"密陈"机宜，主要是对西北的用兵虚实不明，左宗棠在《密陈》中把西北方面战事、部署、用人、运饷等上报给奕䜣，从而增加了清廷当国者的

---

① 《洋务运动》，丛刊一，第114页。
② 《醇亲王奕譞奏折》，《洋务运动》，丛刊一，第116页。
③ 《左文襄公全集》，奏稿，第46卷，第32页。

信心。

最终，总理衙门大臣恭亲王奕䜣宣布"海防塞防并重"的主张，由慈禧批准，以"上谕"形式宣布：李鸿章、沈葆桢二人督办海防事宜。"有关西北及防范俄人事务，业由总理各国事务衙门抄寄左宗棠阅看，即着该大臣通盘筹划，以固塞防"。①

在这次海防与塞防的争论中，李鸿章的确发表了重大的错误言论。

如说，新疆自乾隆年间始归版图，岁需二百万，徒收数千里无用之地。其实，新疆自汉代已为中国领土，时称西域。1759年，乾隆帝将其改名新疆。新疆者，并非新归的版图领土，而是把原来的疆土改为新名字而已。

如说，新疆北接沙俄，西界土耳其，南近英属印度，即使收复，将来也断不能守，等等。这明显是割地分土、只顾中原的谬论，太少战略眼光。中国自汉武帝以降，采取积极扩疆政策，唐代前期已在边陲建立七个都护府，并让周边小国臣服，由"守四境"，变成了"守四夷"。李鸿章等人，把经历代努力，已成本国领土的新疆都不要，且说要了也守不住。此种论点，何等荒谬！

为达到他的某些愿望，在这次争议中，他背后还搞了不少小动作。

明面上为李鸿章造舆论者，湖广总督李瀚章是他的哥哥。两广总督李宗羲在镇压太平军中，在湘军营务处多年，与李鸿章渊源很深。两江总督沈葆桢原是左宗棠的好友，是左宗棠推举他为福州船政大臣的，但在海防建设中，他又倒向李鸿章一边。同为海防大臣，丁日昌一直是李鸿章的追随者，李为两江总督时，丁是江苏巡抚，在海防、塞防争论中，更积极为李氏造舆论。

暗地里李鸿章更四处策动，书信往还。光绪元年正月他刚参加同治帝的葬礼回到天津直隶总督衙门，便立即写信给好友河南巡抚钱鼎铭，唆使他上书，要求把豫军宋庆部撤回河南，以削弱西征军的实力。江西巡抚刘秉璋原

---

① 《光绪元年四月二十六日军机大臣密寄》，《洋务运动》，丛刊一，第154页。

为李鸿章部下，因为支持抗俄，李鸿章写信斥责他"坐屋内说瞎话"，"大肆簧鼓，突出期望之外"①。

以前，论及海防塞防之争，多有湘系、淮系矛盾之说。但根据史实平心而言，李鸿章确有拉山头、揽大权、任人以私的弊误。

而左宗棠却仍旧如前，坚持"君子之所争者国事"，可以说是一出于公，率直而论，不计一己得失的。

如：李鸿章声言建设三洋海军，左宗棠认为海军应统而为一，若划为三洋"则畛域攸分"。他的这个论点，实际上说到李鸿章心里去了，如果海军统而为一，显然大权统归李鸿章。如果左宗棠不是率性直言，就事论理，他稍有私心，或说湘淮成见，他才不会主张三洋统而为一，正该主张建立多洋，以分李氏之权。

事过不久，李鸿章便照左宗棠的办法做了。

在海防事务由李、沈二人"分别督办"的上谕下达后，沈葆桢主动提出水师宜先尽北洋创办，四百万两海防专款"统解北洋总收应用"。这明白表示沈葆桢其人，一是向李鸿章投靠，二是不敢做大事，也怕多担责任。其结果，李鸿章的北洋海军实力愈加雄厚，而其他水师的力量单薄，难担防守大任。四年之后，沈葆桢死去，从此"海军之规划，遂专属于李鸿章，乃设水师营务处于天津，办理海军事务，以道员马建忠董之"②。随后李鸿章又直接上奏，仿照西国，建立海军衙门，使海军统一事权。其奏折大讲事权不一的弊害，正是四年前左宗棠奏折的翻版③。

清政府批准了李鸿章的奏书，任命醇亲王奕𫍯为总理，李鸿章为会办，成立了海军衙门，实际上醇亲王只是个摆设，海军大权全由李鸿章一人操之。

李鸿章任人唯亲，海军衙门以其亲属、淮籍和淮系为用人之资。海军提

---

① 左景伊：《左宗棠传》，第293页。
② 池仲祜：《海军大事记》，《洋务运动》，丛刊八，第484页。
③ 李鸿章奏折见《洋务运动》，丛刊二，第570-571页。

督丁汝昌，是安徽庐江人，淮军嫡系刘铭传的部下。此人对海军海事一无所知，只因是淮籍淮系，"久随李鸿章"，而被任命为清朝海军的实际统带者。负责北洋海军等军火调拨的天津军械局总办，是李鸿章的亲外甥张士珩，他贪污成性，供应军火以次充好，以假弹充真。时人评论：李鸿章创办海军"用人以私，行政以贿，官中府中相习成风"①。

因此，清廷海防建设二十多年，白银花了数千万两，甲午黄海一战即败，实李鸿章之误国也。

左宗棠争的是什么，他又能为自己争来什么？

当年他已六十四岁，这个岁数在当时已是高龄，由于久在战场上拼杀，身体已明显变坏。况且，他的家人屡遭不幸：四年前夫人病故；夫人死前数日，四女孝瑸因丈夫去世痛苦而死；一年前，次女孝琪病死；同年，长子孝威病死。在连续失去夫人、子女的痛苦时候，他还要争什么？

如果讲荣誉地位，他已官至极品，陕甘总督、一等轻车都尉、太子太保、东阁大学士。这已是出将入相，曾国藩、李鸿章也不过如此，还有什么再要争的。

如果他在进入新疆前，急流勇退，他有充分的理由，谁也没啥可说的。

但是，他还要争。

争什么？如果不争，新疆的大片领土谁去收复？阿古柏伪政权谁去驱逐？伊犁地区仍然在沙俄之手，西北领土都有继续遭到侵略的危险。

所以，他还要争。

再争下去，就会争来他以花甲之年，冒着说不尽的艰险和困难，与英俄侵略者、与阿古柏伪政权作殊死争斗。是胜是负、是生是死？谁又能预料得到？

左宗棠这是为祖国的广阔领土而争，为祖国的荣辱与共而争，为西北千万人民回归祖国怀抱而争。

---

① 洪弃文：《中东战纪》，第3页。

这，才是左宗棠一生中最为光辉的一页。

人们纪念左宗棠，认定他是一个伟大的爱国者，从他白首出关，力保祖国的领土完整这方面说，自然很对。

左宗棠收复新疆，值得永久纪念。

十八 入疆前的几片剪影

史学著述不能太沉重，太沉重会给读者压抑感；史学著述又不能太轻佻，太轻佻会失去读者的信任。

左宗棠其人性格戏剧化：沉重而又轻松。

他终于为自己争得了解放新疆的沉重担子。进军新疆，困难重重，艰险重重。要取得胜利，就得在各方面做好准备。

即算入疆的准备，本身就困难重重。要想知他是如何准备，秦翰才的《左文襄公在西北》写得极为详细，再没有超过这部著作的。

本书此处也该写写左公的入疆准备，但既已有秦翰才的著作在，笔者就该省省笔墨了，当年李青莲看到崔颢的诗亦曾搁笔，让大家去看崔颢的诗。

这里照左宗棠沉重而轻松的双重性格，与几处他在入疆准备工作中的插曲。何况，面对白雪皑皑的西部美丽江山，确实应该轻松片刻了。

剪影之一：大营中，接待几个俄国佬

左宗棠的一生职位与外交无涉，那是总理衙门和南北洋大臣的专责。浙江作战时曾被迫与"常捷军"头目德克碑打交道，他把这个法国人整得服服帖帖的，以后成了帮他做事的外国帮工和朋友。

余下的都是和外国侵略者拼命。

这一次却突然跑来五个俄国佬。

差不多同时，李鸿章也向他通报了俄国几位军官将到左宗棠军营的消息。接着，又接到多人来信报告。信中说得都很严重。

原来，事情的起因是马嘉理案，又称"滇案"。光绪元年，英国向云南扩张势力，阴谋修筑缅甸仰光至我国云南思茅的铁路，派英国军官柏郎率领武装探路队二百多人进入云南，英国驻北京使馆派职员马嘉理前往迎接。马嘉理将这支侵略武装带至云南腾越城（今腾冲）时，与当地人民发生冲突，结果马嘉理被杀死，侵略者被赶出边境。

英国蓄意挑起了马嘉理事件，借此大肆恫吓清政府，迫使清廷派北洋大臣李鸿章赴烟台的芝罘谈判。由于李鸿章对敌软弱，使中国丧失了许多主权，如允许英国派人去云南、甘肃、青海、四川、西藏调查；增开四处口岸；清政府派员去英国表示惋惜等等，共十六款和"另议专条"等。史称《烟台条约》或《芝罘条约》。

谈判期间，英国驻华公使威妥玛威胁李鸿章，要把印度军队调来帮助俄国由伊犁进军中国，牵制左宗棠的西征军。

这时，正有五名俄国军官来华游历，取道甘肃回国。因此，李鸿章等人怀疑俄国已受威妥玛煽动，去西北打探虚实，搞军事情报。于是，他们写信告诉左宗棠，千万不要把西征军的情况，尤其是弱点，暴露给俄人，要谨慎对待。

左宗棠闻讯分析了情况，首先对李鸿章的芝罘谈判表示不满，以为缅甸到云南，路段万分险阻，并非用武之地。而李鸿章竟被英国公使嘘声恫吓，失掉谈判主动权。如今，又来信吓唬自己。左氏认为英、俄矛盾甚大，不可能帮助俄国对付西征军。再者，这几个俄国人是早于"马嘉理案"发生前到中国游历的，更与英国人侵略云南没有关系。

因此，他决定对来营的俄人待之以礼，示之以威，没什么好怕的。再说，西征军接连胜利，进军新疆确有千难万险，困难之处稍有军事知识者都能分析出来，想掩盖也不可能。而俄人或英人想在中国西北部阻挡西征军也是困难重重，他们都不敢轻举妄动。

有此分析，左宗棠泰然处之。

李鸿章信中还警告左宗棠，防止俄人绘制西北的地图。左宗棠对此也不害怕，在福建时他也亲眼看到洋人登山绘图，他也不制止。地图绘出有什么用？打仗时只靠地图就能胜利吗？仗是要靠指挥官的决心和士兵的勇敢来打胜的。地理再熟，将不会指挥，兵不敢拼命，一个小坡也能起到华山的作用。大地千山万水，自古就没更改，而在这些地面上打过多少仗？同样一片土地，有人能打胜，有人却要失败；有人却守得住，有人守不住。棋谱对下棋的人来说，似乎都会背，但输和赢却不是因为棋谱背得熟不熟。

左宗棠在回信时，说的就是上面这番话。

他一点也不信邪。

就在光绪元年五月二十二日（1875年6月26日）这天，索思诺夫齐等五人到了兰州。左宗棠以礼相待，把客人安排在总督署衙内，隔一天便宴请一次。

每次宴请，左宗棠都给他们讲中国的历史故事，五个俄国佬总是摇头晃脑，也不知他们懂是不懂。

谈话期间，左宗棠了解到索思诺夫齐是个军官，驻扎在伊犁。其他几人有的是他的朋友，有的是一同来游历观光的。

左宗棠说，你位为何要驻扎在中国的领土上？

索思诺夫齐回答，只是防止回民侵扰，等到中国军队取得乌鲁木齐，回军全部失败，就会把伊犁交还中国。

索思诺夫齐还要求运销中国的茶叶，并要求卖给左宗棠军粮。

左宗棠回答：粮食价格合适可以运来；而茶叶运销要等打完仗再来谈。

索思诺夫齐谈兴大发，果然拿出几幅地图来给左氏观看。

左宗棠看了赞不绝口。但问他，先生来中国不久，怎能绘出如此详细的地图？

索思诺夫齐回答，是照着康熙地图描制成的。

左宗棠听罢微笑说，这个地图虽是精美，但乾隆时我国地域再次扩大，随增随补，朝廷令人携带仪器，详加订核，这才有了《乾隆内府舆图》，这才是精细而准确的中国地图。

"来人啊！拿一幅给索先生看看！"

索思诺夫齐俯首细看，又比照自己的地图，遂不再谈地图之事。

但他又大谈自己懂得各国兵器，尤其是英德的武器精良。

左宗棠说：明日领先生们参观我的兰州制造局吧。

第二天，左宗棠亲自领他们进入兰州机器局参观。

在局中，他们不仅看到了仿制英国和德国的枪炮，还有几种中国自己制造的武器，如大洋枪、小车轮炮和三脚劈山炮。随后，左宗棠命令到靶场试射枪炮。一阵清脆的枪声和隆隆的炮鸣，轰得五个俄国佬再也不谈枪炮了。

左宗棠与五个俄国人交往月余。这期间自然他也不闲着，每日紧张地布置向新疆的作战任务。

临行时，左宗棠与他们签订了一个订购四百万斤军粮的协议书。左氏以市价购买，俄方答应将粮食运到古城。西征军正好缺乏军粮，运输也很困难。

俄人走后，左宗棠把情况报告给清政府。他认为俄国这次派索思诺夫齐等人前来探听虚实，知道我们有充分防备，无隙可乘，只想与中国在西北通商做买卖。清廷上层看了左宗棠的报告，打消了俄英勾结阻挡西征军前进的疑虑。威妥玛恫吓李鸿章的阴谋虽得逞，但干扰中国收复新疆的诡计却烟消云散[①]。

剪影之二：树嵩武军屯垦模范典型

这里得先说说嵩武军统领张曜的事。

张曜其人，在中国近代史上极具传奇色彩。时至今日，山东、河北、浙江钱塘一带的老人，仍传说着张曜当年的传奇故事。

张曜（1832~1891），直隶顺天大兴人。原籍浙江钱塘，因肄业国子监，遂入大兴籍。他的性格与左宗棠极为相近，倜傥不羁，倔强好侠，闻不平事，怒眦欲裂，不计险恶而暴趋之。青年时，力大可举鼎，家贫为富商搬

---

① 左宗棠与索思诺夫齐会见事见：《左文襄公在西北》，第140-142页。

负。一日，负米数石在背，见众围观一少妇哭而欲求死。乃因其夫死，其婆逼之嫁与富家而不从。张曜见状愤恨，将所负米袋砸其婆至死。乘间逃往河南，投奔固始。固始县令，乃曜之故旧也。时河南捻乱正炽，固始令蒯某办团练自保，张曜为之练团勇三百人守县城。

一日，捻子仓促至，城守未备。张曜率众伏之城外，夜半突起袭捻阵，城上应之，枪炮轰然。

适值僧格林沁率部至，数里外遥见火光中一勇士率众与捻搏战，惊问："壮士何许人也？"答曰："县署中张曜！"僧帅大奇之。因召见，即疏保荐，命从大军讨捻①。

以上文字，所述大都属实。

野史继续写道：县令蒯某在僧王的说合下，将其女配之张曜（正史中张曜夫人确为蒯氏）。蒯氏夫人博古通今，常为张曜批览案牍（此点与左宗棠亦极相近）。野史中又言，张曜目不识丁（御史刘毓楠曾以此语弹劾之，实恐非也），就夫人学，执业如弟子。夫人时加苛责，张怡然顺之。后即为大将，为一方大吏，犹言："夫人言可畏！"尝问部属："汝等畏妻否？"众曰："不畏！"张曜正色曰："汝等好大胆，妻乃敢不畏也！"②

据正史载，张曜自河南固始随僧格林沁剿捻，屡立战功，咸丰五年擢知县，咸丰七年升为知府。咸丰十一年击败大股捻军陈大喜、张凤林部，因功擢为河南布政使，被御史刘毓楠以"目不识丁"参奏，改总兵加提督衔。从此发愤读书，即使军务急迫亦不曾一日废学，乃成大器。其书法初仿颜氏，后独成一秀，为清末书法名家。

自被劾"目不识丁"，乃自刻印章一枚，以"目不识丁"铭。凡书牍信函，皆以其印章钤。西北事平后任广西、山东巡抚，在山东多方治理黄河，在益都办海岱书院。其所历之山东、钱塘等地，贩夫乡农无不知之也③。

---

① 朱孔彰：《中兴将帅别传》，第 26 卷，《张勤果公曜》。
② 《清人逸事》，第 7 卷，《清朝野史大观》三，第 92 页。
③ 朱孔彰：《中兴将帅别传》，第 302 页。

其部曰"嵩武军"，乃同治五年河南巡抚李鹤年所募两军，一曰"豫军"，由宋庆统带；一曰"嵩武军"，由张曜统带。在平定西捻军中，嵩武军立下巨大战功，徒骇河的最后战役，就是刘铭传、郭松林、宋庆和张曜等几支军队进行的。

此后，这几支部队声名鹊起。左宗棠由山东入陕甘，首先奏请这几支军队随他西征。因刘铭传是李鸿章的嫡系淮军，他称病未随；宋庆的"豫军"，也被李鸿章唆使调回了河南。只有张曜一军随征，是西征军一支能战的主力。

张曜是左宗棠所看重、信任的为数不多的将领中的一位，史书记述："左文襄谓公器识宏远，无急功近名之念，而才兼文武，方今尤不可多觏。礼贤下士，赡族恤贫，廉奉常随手散尽，为民兴利不遗余力。"①

清政府重文轻武，对张曜（还有前文提及的樊燮）特殊提拔就特别显眼。当他因战功被提升为布政使时，被御史刘毓楠弹劾而改为武职，原因就是说他文化不够，不足做副省长级的民政长官。左宗棠本人也重文轻武，曾骂过武职的樊燮。所以，是他上奏朝廷，改了张曜的武职，将他升为巡抚，并加太子少保衔。

左宗棠进兵新疆，千难万难，最难还是军粮（古代兵制称军食）问题。据古代征讨史记述，秦始皇征胡时，军粮取自沿海各郡，而由沿海运到北方，每石粮食的运输费用要用去三十钟（每钟为六斛四斗），所以弄得"劳民伤财"。王莽曾想动三十万大军征讨匈奴，要带上三百天的军粮。谋士严尤告诉他，这些军粮要到各地去征，再用牛从各地运往北方前线，这些粮食还不够运输的士兵和牛吃的，哪还有作战部队的口粮。王莽听了只好作罢。

所以，朝廷征讨数千里外的敌人，或让边陲士兵守边，只有一个办法，就是屯田。让军人在驻地自己种地，解决口粮。当代的军垦农场就是学习古代的经验。左宗棠青年时代饱读兵书，曹操等人以屯田解决军食的办法他是

---

① 朱孔彰：《中兴将帅别传》，第302页。

知道的。

所以，他出关作战，每收复一地马上让军队耕种。或者招徕流亡民众，发给口粮、种子和耕牛、农具，让他们耕种。收获物由军队购买，购买时扣除部队发给的种子等，这叫民屯。既解决了军粮，又解决了流民的生活，很受百姓拥护。

他一路打仗，一路屯田。进兵新疆的第一片屯田在哈密，主其事的便是张曜，耕种哈密屯田的自然是嵩武军。左宗棠认为张曜出身贫苦，会种庄稼，做事勤恳踏实，一定能搞好屯田。

早在同治十三年春天，他就交代张曜，让他先至哈密屯田，请当地农民指导，根据土质选种作物。耕种屯田，重要的是招民行之，和农民不要计较，要先有爱民之心。营哨官对屯田有功者，亦照军功给奖，种不好的也应记过。[①]左宗棠最初就发给张曜屯田费三万两，又多次去信，探讨屯耕的方法。如：怎样找水源、怎样挖渠、如何给士兵和农夫分红利、如何使用牲畜……简直细到连一个老管家也难做到的地步。

张曜没让左宗棠失望，嵩武军开赴哈密后，除了留一营担任警戒，其余全部投入屯垦。

没几天，水源找到了，有水就能开荒种地。张曜把军队分成两支，一支烧荒耕地，一支挖渠引水。

平原上插满"左恪清军"的旗帜。

终年在战场上挥舞刀枪的军人，如今放下武器，眼望一马平川的原野，远处连绵起伏的山岭，心里说不出的舒服，就像回到了家乡。于是，安徽的黄梅戏、湖南的花鼓戏、河南的梆子腔处处响起。

张曜也甩掉帅服，卷起袖子，抡开膀子投入劳动。士兵们见统帅如此，干得更起劲了。

歌声引来了一群群百姓，张曜便向他们宣传政策：愿意包田耕种者，发

---

① 《左宗棠全集》，第 15 册，第 1024 页。

给口粮、种子和农具，收获的粮物五五分成。没几天，两千多户回民承包了荒田，一片荒芜的土地，马上恢复了往日的生机：炊烟四起，鸡犬相闻。

光绪元年，嵩武军共开出旱田一万五千八百余亩，水田三千五百亩，植树十余万株，开挖石渠十余里。当年获得粮食数千石，第二年入仓的粮食五千一百六十石。

不仅远距离运粮的困难解决了，甚至还有余粮出售。

两年下来，哈密成了新疆的一个大粮仓。

张曜的屯田成功了。左宗棠在西征军里表彰他，让他成为模范，成为屯垦学习典型。

很快，其他地区的屯田也兴起了。三年后，左宗棠奏报：北路巴里坤，开垦屯田五万余亩；古城子军屯六千六百余亩，民屯九百多户；昌吉民屯垦户一千三百户；玛纳斯民屯九百多户。南路共收粮二十三万八千余石，并得折银（即卖粮得银）一万四千两有奇、钱五百十缗。吐鲁番以西得粮一万五千石。北路从本垒河以西、南路从吐鲁番以西，尽成膏腴……①

剪影之三：找沈葆桢闹闹军饷的别扭

自从关于海防与塞防的争论发生后，左宗棠就进一步看清了沈葆桢这人太不怎么样了，提拔他做了福州船政大臣，一转眼便倒到李鸿章那边，为李鸿章拼命争饷钱。

再联系当年他同曾国藩争饷的事，足见此人心眼很坏。

沈葆桢是林则徐之婿，据传其夫人林氏很有点才识，沈葆桢的作为多出自林氏的筹谋。但是，女人的才具很难有材料证实，只是传闻而已。

咸丰五年沈氏为九江知府时丢掉城守，去曾国藩大营做事，曾国藩奏擢为广信知府。广信又被杨辅清围打，是林夫人为他出主意保住了城守②。曾国藩又上奏沈葆桢夫妇共同抗敌，取得了广信的胜利，保举他升为按察使

---

① 《左文襄公全集·批札》，第7卷，第37页。
② 朱孔彰：《中兴将帅别传》，第182页。

衔。当曾国藩任两江总督、节制江南四省时，又保举他做了江西巡抚。

但是，在曾国藩的军饷极为困难时期，沈葆桢却断绝了原来应供的饷项，几乎使曾国荃的围城军瓦解。曾国藩无奈，私下里让九江关道蔡锦青解关银三万两寄给雨花台的围城军。沈葆桢得知后，迅速追回了关银。

曾国藩本不想和他再争，但营垒中的湘军岌岌可危，只得具疏要求江西协款仍按原议拨出。而沈葆桢却以曾氏兄弟"广揽利权，贪得无厌"上奏，差一点没把曾国藩气死。

于是，湘军大将无不痛骂沈葆桢，说："如果朝廷设一个'绝无良心科'，沈葆桢一定能得第一名！"

曾国藩拿不到军饷，只好上疏"告病引退，少息二三年"。沈葆桢也立即上奏要求引退"以养老亲"。

后来，清廷下旨把江西原议协助湘军的军饷一分为二，让沈葆桢留下一半，这才平息了事端。从此，曾国藩和沈葆桢算是断绝关系了。

左宗棠回想前后情景，气不打一处来，于情于事他都不能静待。他得在军饷问题上，给沈葆桢找点别扭。

此时，大军西征，的确缺饷。左宗棠找沈葆桢的麻烦，实出于此。

左宗棠大军西行时，中原的发捻久已平息，美日侵犯台湾的纠纷亦平。而中国的新疆和伊犁却落入阿古柏伪政权及沙俄之手，收复失地是当务之急。

清廷为西征军所供的军费来自各省的关税和协饷，空名上是八百二十万两，实收不足五百万两。军费不足，迫使左宗棠裁军节饷，在急需军队时，被迫裁撤四十营，余下马步一百二十营。不足五百万两的军饷，光运粮的运费一项就要二百多万两，再扣除运兵三十万两，其他"军实"费用七八十万两。那么，真正可用的军饷，每年只有二百万两[①]。

而当海防问题出现后，沈葆桢、丁日昌就首先提出不能再为西征军供

[①] 秦翰才：《左文襄公在西北》，第116-117页。

饷。随后，广东、浙江也要停解。这样，西征军每年就又要少得二百余万两。

而首先提出不出协饷和关饷的仍然是沈葆桢，这和当年他拒绝协助曾国藩如出一辙。

这才惹恼了左宗棠。

得拿沈葆桢开开刀。

就在光绪元年十二月十四日（1876年1月10日）这天，左宗棠上奏："现遵旨整军出关，而饷源枯竭，事机急迫，奏请照台防成案，允借洋款一千万两，仍归各省关应协西征军饷分十年划扣拨还，俾得所藉手，迅赴戎机。"①

这个奏折所称"照台防成案"，就是指沈葆桢赴台湾驱逐日本西乡从道军时，曾奏借洋款六百万两。现在，左宗棠提出照"成案"借款，矛头针对的就是沈葆桢。按秦翰才所言，左宗棠当时是要求沈葆桢代他借外债一千万两②。

无论是上奏折还是发函，既然提到了沈葆桢，沈就必须作出回应。自然沈葆桢不会为左氏代借洋款，而是千方百计阻挠他向皇帝申请借洋款。

沈氏上奏说：西洋各国都曾向外国借贷，但都因此承受着压力，去年赴台时外省没有援助，我才不得不借，日本一撤军就不敢再借。新疆问题要长时间才能有头绪，如果借了洋债，就得海关出钱偿还。而海关是政府的财政支撑，海关如再亏空，国家的财政就会出大问题，国库也就更吃紧了。

沈葆桢以知洋务自居，又拿国家财政大拳头吓唬清政府，以此阻挠清政府批准借贷。清政府也就把沈葆桢的奏折转给左宗棠，看左氏还有什么说法。

左宗棠心知沈葆桢会阻挠他，看了奏折马上反击：谁都知道沈总督说的

---

① 《左宗棠全集》，第15册，第1027页。
② 秦翰才：《左文襄公在西北》，第118页。

那番道理漂亮，但光漂亮有什么用？省、关该协助西征的款子不到位，差一大截，如今海防预算增加了那么多，连原来不足数的省、关协饷还要停止不拨，难道要让西征军饿着肚子、赤手空拳上战场吗？他笔锋一转直指沈葆桢说：沈总督当年借洋债是怎么说的？不是说各国借外债是常事吗？有的借贷是为了再赚钱，有的是要用来扩张领土。而我们西征为的是收复失地，怎么就不可以借贷了？

再说，海防款每年应该协助西征的款子，可以拿来偿还西征借贷的利息，只要拿出协款的一半也就够了，也并不影响海防大局呀。

还有，李鸿章去年也上奏借洋款两千万两，沈总督也借过洋款，现在西征军急需军饷，怎么就不能像李中堂、沈总督那样借贷呢？

慈禧收看左、沈二人的折子，如同当年曾、沈一样。如果左宗棠火了，把西征的担子一撂，那可就糟了，现在西北的大火得左宗棠去救，可不能惹恼了这个湖南倔牛。于是，于正月七日（2月1日）下旨："准筹措洋款一千万两。"①

三月一日（3月26日）再度下旨曰：

……左宗棠出师塞外，必须士饱马腾，方足以壮军威而张挞伐，各营将士踊跃前驱。西征饷银未能足数，致有积欠口粮，此次远道进兵，粮饷必须充裕。左宗棠前议借洋款一千万两以备应用，因耗息过多，请减借四百万两，系为节省经费，顾全大局起见，惟现当大举深入，酌发欠饷，预备行粮，需款甚巨，恐不足资周转。该督既以肃清西路自任，何惜筹备巨款，俾敷应用，以竟全功。加恩着于户部库存四成洋税项下拨给二百万两，并准其借用洋款五百万两，各省应解西征协饷，提前拨解三百万两，以足一千万两之数。洋款如何筹借，着左宗棠自行酌度，奏明办理。钦此。②

---

① 《左宗棠全集》，第15册，第1027页。
② 《左宗棠全集》，第15册，第1028页。

以皇帝用玺，实则是慈禧的懿旨，一下子解决了左宗棠的西征用款，李鸿章、沈葆桢等自不敢再为饶舌。

但是，左宗棠对于借洋款却自责不已，愧疚不已。他给朋友写信说，借钱打仗已是件不光彩的事，如今向洋人借钱，仰其鼻息，真是我左宗棠的罪过呀。

不久，左宗棠又上奏《钦奉恩谕以缓借洋款折》，称：本年饷项，除部拨两百万两、协款提前三百万两外，各省尚有应解八成以上的余银，以之还清陕、鄂、沪新借各款，尚可存留四百数十万两。是本年不借洋款，尚无不可。拟待来年始行议借①。

至此，左宗棠与沈葆桢的借款纠葛告一段落。从中可见，左宗棠可不像曾国藩那么窝囊，他痛快打败了政敌，还得到了清廷的支持；而最终又决定不借洋款。慈禧和沈葆桢见到左宗棠的最后决定，不知有何想法。

此后，左宗棠也不愿搭理沈葆桢了。

---

① 《左宗棠全集》，第15册，第1029页。

十九 攻克乌鲁木齐各城，北疆收复

西征军出关作战，先平定陕甘回乱，用时五年有余。而入疆作战的准备，又用了两年时间。其所以迟滞者，全在于西北用兵的困难。没有充分的准备，就绝无胜算可言。

左宗棠用兵大西北，是近代史上最为困难的一次，因此也是最光辉的一次。曾、李等所谓"中兴名臣"，说到底不过是打内战的胜利；而左宗棠却是去大西北收复失地。只就这点来说，二者不可同日而语。

小时候读《木兰辞》里"万里赴戎机，关山度若飞"，是那样美好。而后来阅读史书才知西域、大漠的战争是那样的艰苦，才知木兰替父北征柔然是文学家的美丽想象。

这两年里，左宗棠首先要做的是选择精锐之师，淘汰冗弱之兵。

远途作战必须有精锐之师，既要能战能耐艰苦，同时又要把消耗减到最低限度。那时的当地驻军有乌鲁木齐提督成禄所部十七营，实际只有二千余人；署陕甘总督穆图善四营，虚额更多；钦差大臣景廉部三十四营，实则仅有半数；乌苏台将军金顺部三十营，也不过半数；哈密办事大臣文麟四营，虚额一千四百多。这些部队冗杂松散，必须淘汰选择。

左宗棠上疏调走穆图善、景廉，劾罢成禄。全撤穆、文两军；金顺、景廉两部合为四十营（后又裁去一半）。左氏又把自己统带的西征军一百八十营一下子减裁四十余营。

最后，集结入疆的部队统共一百四十多营，约七万人；投入一线作战的部队八十多营，约四万人。帮办陕甘军务刘典留在后路，湘军总领刘锦棠马、步二十四营及张曜嵩武军、徐占彪五营蜀军、金顺所率十余营几经整编的部队，充当前沿作战的主力。

武器装备方面，阿古柏军的武器来自英国，沙俄的武器也较中国先进。同这些对手作战，枪炮也不能与之差距太大，西征军的战线太长，必须缓进速决，进行速决战武器就得好。为解决武器装备，左宗棠令胡雪岩在上海通过各国洋行自英、德等国家购买先进武器；又各处聘雇工程技术人员，在兰州设机器局，仿造英、德各国枪炮。这些措施，基本解决了问题。

西征军饷是最大的问题之一，经左宗棠努力，最后凑足了一千万（见前文），足可与阿古柏及沙俄一战了。

军粮及其运输是最难的问题之一。

七八万人的部队，行军数千公里，途经大戈壁、河西走廊、险峻的天山。军粮和运输，千难万难。为解决军粮，左宗棠在北路归化（今呼和浩特）、包头设转运局，光绪元年三至五月，由转运局运到巴里坤的军粮四十多万斤。南路河西走廊的凉州、甘州、肃州，早在同治十二年就购粮储运，入疆前肃州存粮三万余石、安西存粮一百多万斤、哈密存粮一百三十万斤。又有俄国军官索思诺夫齐贩运来的五百万斤，实收四百八十万斤（扣除运费）。左宗棠大兴屯垦，以解决南路军队的部分军粮。

为转运南方的武器弹药和军粮，左宗棠在汉口设立后路粮台和转运站，在西安设立总粮台和军需局，转运关内的军资。

西征新疆是个浩大的工程，左宗棠调动了东西南北、国内外诸方力量，较好地解决了军需供应问题。这也是近代战史上，不多见的大规模行动。

经过两年的准备，西征军有能力进兵新疆了。此后，左宗棠以"先北后南"、"缓进速战"的战略原则，进行三阶段战役：第一阶段，收复阿古柏占据的北疆；第二阶段，攻占南疆门户吐鲁番及沿途城镇要塞；第三阶段，收复南疆。光绪二年六月（1876年7月）克复乌鲁木齐，白彦虎逃往俄国。九月（10月），新疆北路战争结束。光绪三年四月（1877年5月），克复吐鲁番，阿古柏自杀。六月（7月），新疆南路战事结束。

光绪六年（1880年），左宗棠三路人马进军伊犁，支持了曾纪泽的彼得堡谈判，迫使沙俄交还伊犁和周围两万多平方公里的土地，保住了祖国西陲大片领土，取得了中国近代史上少有的反抗外来侵略战争的胜利。

收复新疆的战役开始了。

刘锦棠等八十余营分多路先行。光绪二年二月二十一日（3月16日），左宗棠率亲兵两千余人离开陕甘总督驻地兰州西进，三月十三日（4月7日）抵达肃州，在城东设置大营，指挥西征战役。刘锦棠、谭上连、谭拔萃、董福祥等部人马齐集肃州，左宗棠同众将领细商进兵计划。

四月三日（4月26日），西征军举行出关祭旗仪式。礼毕，刘锦棠诸军向西进发，进攻目标是北路重镇乌鲁木齐。乌鲁木齐又名红庙子，因为城外红山上有座玉皇庙。

阿古柏派马人得守红庙子，回军首领白彦虎也逃至此处，投降了阿古柏，与马人得共同抗击官兵。

六月一日（7月21日），刘锦棠的老湘营开抵济木萨，与先期开来的金顺部会合，向西进攻阜康城，阜康离济木萨二百四十里。马人得闻西征军开到，在距离阜康一百里的古牧地增兵设防。南路的安集延人也派兵前来增援，在黑沟驿设防。

刘锦棠与金顺讨论进兵方略，探知白彦虎和另一回军首领马明防守古牧地。从阜康至古牧地有两条路：大道是走西树头，但是戈壁，没有水源；另一路是走黄田，水源充足，但已被设卡严密防守。分明是敌军迫官兵走大道，断其水源。

刘锦棠故意在西树头筑垒凿井，装出走大道的样子；而金顺军则趁夜潜向黄田出击，一战夺取之。敌军丢弃辎重狂奔，刘、金大军穷追猛打，一直追至古牧地城下。这是西历8月10日的事。

大军稍加休整和布置，8月12日开始攻打古牧地，该城是乌鲁木齐城的外围，攻下该城，乌鲁木齐将不守。因此，双方攻守都很努力。

敌军先以骑兵主动攻击官兵。刘锦棠命余虎恩、黄万鹏骑队迎战；步兵急攻城垒；自率亲兵攻打山垒。

刘锦棠在战场上向来勇猛无敌，绰号"刘大闯"，他的军队也尽如统帅，打仗有进无退。近代战场上，敢拼命的部队将领有湘军的鲍超、陈玉成太平军的"百战精锐"刘玱琳、嵩武军的张曜等。

统帅刘锦棠拼了命，各军人马也奋勇当先，一鼓攻入关垒，敌人纷纷逃进城内。

刘锦棠、金顺分别扎营城东南和西北，修筑炮台，高过城墙丈余，昼夜不停轰击。各军伏于城外垒后，只等炸城墙开发动总冲锋。

8月17日黎明，南城墙塌，垒后的诸军喊声如雷，勇猛杀入城中，顷刻攻下古牧地，毙敌六千余。安集延派来的援军，也一同被全歼。

白彦虎预先逃脱，进入乌鲁木齐。

刘锦棠不容敌人有喘息机会，传令各部，立即向乌鲁木齐快速攻击前进。

8月18日，克复乌鲁木齐。敌军在此城未敢与官兵接战，飞速逃走。刘锦棠派骑兵追杀，直赶到戈壁，杀敌数百而还。

打下乌鲁木齐是解决北路战役的关键。关键解决了，但北疆还有许多城镇仍在敌手，还要逐一去占领。

乌鲁木齐以西的昌吉、呼图壁、玛纳斯北城的守军，与乌鲁木齐守军同时逃散，但玛纳斯南城的回军却死守不弃。

刘锦棠命金顺由昌吉进攻玛纳斯南城，自率老湘营越过盐池墩，到达柴窝堡，沿途追杀各处逃散的敌军。

阿古柏见北路诸城接连丢失，便派出骑兵，收拢从各城逃散的部队，进入距离乌鲁木齐二百里、距柴窝堡一百二十里的达坂城。他本人来到托克逊，赶修三城互为犄角，派精兵守卫，另外增兵吐鲁番，抵御西征军。

写到此处笔者得先停停，因为按时间，左宗棠另有布置，同时还发生了别的情况，必须交代。

原来，乌鲁木齐解放那天，刘锦棠即派快马把捷报送到肃州大营。左宗棠闻捷感到意外，敌人如此不堪一击。于是，他也以六百里加急报马，向北京飞速报捷，同时报告朝廷部署下一步的军事行动。

奏报中说：阿古柏与南逃的白彦虎踞托克逊，派重兵守达坂城，图与吐鲁番联合对抗官军。故派刘锦棠先清后路而后由北向南，并让张曜和徐占彪自东向西，收复南路。两军四十余营，兵力较厚。但是，大队前进，后路空虚；而且每攻占一地，都要派军留守，攻占的地方越多，留守的兵力就越大，前方的兵力就越不足。历史上的用兵，多少次都是因为后劲不足而无功。因此，请求再增加兵力，以作后援。

左宗棠要求增拨的军队是金运昌部。奏折中说，金运昌是包头卓胜的部下，他的部队有马步五千余人，都是淮北的勇丁，勇敢顽强，又耐得劳苦，金运昌屡次要求参加西征，时因怕军粮供应困难，而未让他随军出征。如今前方作战，战线越来越长，请调他前来参战，其军饷供应，每月三万余两，由安徽和陕西各拨一半[①]。

在左宗棠上报收复南疆、请求增兵的奏折和朝廷批复往返之间，金顺部正在攻打玛纳斯南城。此城虽小，但防守很严，攻打多日不下。左宗棠继派老湘营增援。刘锦棠派谭拔萃、刘长祐部六千人赴援，署伊犁将军荣全也从塔尔巴哈台出兵增援。

玛纳斯南城的战斗打得异常惨烈，双方伤亡极大，直打了两个多月才结束，克城之日是九月二十一日（11月6日）。

这样，北疆基本平定，只有伊犁还在俄国人手中。

此时，又发生俄、英两国的外交干涉事件。

当收复北疆的战役紧张地进行时，俄国见清廷派大军前来，他们占领新疆的企图将受阻碍，便千方百计破坏，无理提出边界交涉。左宗棠上奏朝廷："遇俄人交涉新疆者，应咨臣定见主办，不必先与商议，致远人无所适

---

① 《左宗棠全集》，第15册，第1029-1030页。

从。"①奏折中指出：中俄边界问题与目前的战事无关，如果现在交涉，会影响收复新疆的作战。请朝廷严令有关部门，凡遇有关于新疆问题的交涉，必须知照他左宗棠，由他决定主意。

慈禧看到奏片，立即批示：伊犁交涉待全疆规复后再谈；由左宗棠一人处理中俄关于新疆问题的交涉，别人都不允插手。

当北疆克复后，果然朝廷大臣纷纷上奏，要求俄国人遵守当初的约定，即克复乌鲁木齐和玛纳斯城后，俄国交还伊犁。

左宗棠仍答复朝廷，伊犁的收回问题，待全疆收复后再说。若现在谈判，俄人会提出许多条件，会影响收复南疆的战役；当全疆收复，伊犁便可不索而还。

左宗棠收复北疆之后，英国千方百计阻止收复南疆。他们采取阴招和明招两手，在上海报纸上伪造西征军失败的消息，以此动摇清政府进军南疆的决心；禁止上海英国商人转卖武器弹药或借款给西征军，这是阴招。阴的一套没起作用，便公然以外交方式干涉，先后有两次。第一次是光绪二年六、七月间，英国公使威妥玛跑去总理衙门替阿古柏求降：愿为中国的属国，只是不要纳贡；如果打下去，俄国人就会干涉，不光对印度有害，对中国也只有害处。但总理衙门回答：阿古柏是窃踞南疆的侵略者，不是属国；如果要降，先把所收容的叛乱者献出，交还新疆南路八城，而且应由阿古柏向前敌大员请求。

左宗棠看到总理衙门发来的文报，痛快地回答："英人代为请降，非为安集延，乃图保其印度腴疆耳。""南八城自乾隆二十四年入中国版图，至今与五印度无丝毫之损，岂贼踞此地，则于英有益，中国复此地，翻于英有损乎？"②同时通知刘锦棠：阿古柏若请降，没带部队，可让其到肃州大营听候指示。如果想以此计拖延我们进攻，就请他回去。

---

① 《筹划俄人交涉事务片》，《左宗棠全集》，第15册，第1030页。
② 《左文襄公全集·书牍》，第17卷，第31—37页。

第二次是在左宗棠已收复吐鲁番之后，英国政府向中国驻英使臣郭嵩焘提出：南疆的安集延人交出数城，留下喀什噶尔数城，使可立国。左宗棠见到文报回答：安集延本浩罕四部之一，浩罕为俄人所并，安集延侵我回部，谄附英人。英人荫庇之十年，明知为国家必讨之贼，从无一语及之。上年官军克复北路，为之居向请降，经总理衙门辩斥而罢。这次又来絮聒，其目的乃怕安集延人为俄人所有。英人若要安集延人自立为国，可割英地或印度地，扶其立国，何来于我南疆土地上立国！此之本意，是英人欲蚕食我土地之计也！① 拒绝英人无理要求后，南疆不久亦收复，然而英国对我新疆的侵略，亦未死心，后来仍有所举动，但不属本书记述之内容。

---

① 《左文襄公全集·奏稿》，第51卷，第18页。

二十 / 克复达坂、吐鲁番、托克逊三城，打开南疆门户

阿古柏丢掉乌鲁木齐等城后，便招集各城残部坚守达坂城，该城又名九台，位于乌鲁木齐之南一百公里。又命马人得据守吐鲁番，对付张曜的嵩武军。阿古柏本人守卫托克逊城。三城构成掎角之势，是通往南疆的大门。

三城以达坂城形势最险要，准噶尔人称之为阿喇巴尔噶顺，即"黑虎城"，阿古柏在此筑为三城，为固守之计。

白彦虎此人异常奸猾，先前见官兵欲攻达坂城，便匿入南山小东沟，又从南山窜入古牧地一带山区，企图袭击官兵，被刘锦棠发现后，又逃入托克逊。

阿古柏见官兵迟迟不进，又在达坂城的两山之间修筑新城，命大总管爱伊德尔呼里率重兵守卫。又让其二儿子海古拉守托克逊。阿古柏本人退守喀喇沙尔，此城远距托克逊八百四十余里，见势不妙可以迅速逃往南疆。

由于金顺军进攻玛纳斯南城遇到坚决抵抗，拖了两个多月才攻克，已到大雪封山之时。西征军多是湘淮人，耐寒能力比不得当地的敌兵，穿得多了又行动不便。所以，左宗棠打算待来年春再行发动。但是，在东、西暖阁上朝的慈禧太后，见左宗棠连战连捷，便催他一鼓作气攻下南疆，快点结束西北的战事。

光绪二年十月末，慈禧授金顺为伊犁将军，英翰署理乌鲁木齐都统，下诏催促左宗棠进兵南路。

刘锦棠会同金顺攻下玛纳斯南城后，还军乌鲁木齐；金运昌的五千援军

还在西行的途中；古城的存粮未得到补充，新购的军粮尚不足数。必须一切准备充分了才能进军。

左宗棠一边命令部队休整，都耐着性子吃好、睡好，开春有的是仗可打。一边调集部队，部署下一步的作战方案：金运昌马步五千，来到乌鲁木齐后，与老湘营会师，统归刘锦棠指挥，是进攻南疆的主力，另加侯名贵的炮队，加强炮火力量。徐万福等五营，从安西移驻巴里坤，替出徐占彪的蜀军；哈密办事大臣明春的健锐、威仪四营接屯哈密，替出张曜的嵩武军。让前锋进攻部队战斗力更强。

刘锦棠性子急，几度向左宗棠请求赶快率军南下。左宗棠也几度令他不能太急，金运昌的部队不到乌鲁木齐，老湘营就不能行动。

部队战士们耳闻目睹阿古柏和安集延人的残暴：居民户户遭到抢劫，维吾尔族女子八岁以上悉被奸淫；北疆汉回居民被杀被劫后，余者皆被押去南疆。这让西征军将士义愤填膺。

左宗棠则向各营反复交代：必须遵守军纪，严禁滥杀；回民长期受安集延人的欺压残害，官兵对回民要宽大为怀；安集延中的回民，只要愿意反正，一律优待，不予追究。唯此，才能早日结束混战，以后的防守才有保证①。

阴历三月到来了，天山上的冰雪消融，小溪的薄冰下已响起淙淙的流水声，数月未奔驰的战马急得趵蹄嘶鸣。

光绪三年三月初一（1877年4月14日），刘锦棠遵令攻击坚城"黑虎城"。他一声令下，自己首先拍马前奔，他的亲兵营嗒喇喇急风暴雨般紧追统帅的黑毛吼。队队勇士争先飞离乌城。

张曜于同一天接到进攻命令，于同一天从哈密西进。嵩武军记名提督孙金彪率五营精锐从东西盐池出发；徐占彪从穆家地沟出兵，到盐池与孙金彪会师。两军合攻七克腾木关隘。

---

① 《左宗棠全集》，第15册，第1030页。

三月初三（4月16日），老湘营攻抵柴窝营垒。刘锦棠命令余虎恩、董福祥率骑兵九营，谭上连、谭和义步兵四营，乘夜衔枚速至达坂城外，约定五更发起攻击。

达坂敌人早已引来湖水，灌入环城壕沟。老湘营进至城外，淤泥深及马腹。士兵下马，蹚水走过泥淖，直达城下，将达坂城团团围住。

由于西征军数月未有动静，达坂守军麻痹大意，老湘营兵临城下，守城军竟一无所知。

等到天亮雾散，守军登上城墙，看到城外四周都飘满清军的旗帜，清军已团团围住达坂城，城外围已掘出沟垒，垒后西征军的枪口都对着他们。

随后便排枪互射，但双方都很难伤着对手。

一直打到中午，刘锦棠骑马绕城一周，观察战情。敌军开枪射击，战马和卫兵负伤，刘锦棠换马继续观察。

三月初五（4月18日），敌军有少量援兵来袭，为余虎恩等部击退，斩杀百余人。

黄昏时分，城内有回人潜出报告官兵，城内守军等不来援军，打算突围。

刘锦棠命令各营点起火把，警戒守敌突围。

三月六日（4月19日），城外炮台筑成，连环炮轰击守城军，一颗炮弹击中城内弹药库，引发弹药爆炸，大风骤起，火势漫天，房倒垒裂，遗尸成堆。

全城大乱，敌军呼天抢地，争开城门逃走。诸军守住四门，敌人无法逃出，只得混在人群里，都被官兵和群众搜出。总管爱伊德尔呼里以下守城将官全数就擒，共计一百数十名。这一仗共击毙敌人两千多名，俘获一千三百人，收缴精利炮械千余、战马八百匹。

刘锦棠把俘获的军官解往肃州，胁迫的回人全部遣回原籍，发给衣物和盘费。

最为坚固的达坂城克复，这一仗震撼了南疆。

刘锦棠没给吐、托二城准备之机，克复达坂城后，立即分兵两路，向吐鲁番、托克逊急驰而去。

刘锦棠自率七千人马急行九十里，抵达托克逊城附近的小草湖。城内的回民迎接官军报告："安集延人闻达坂城被官军攻克，正打算逃跑，白彦虎出城四处抢掠，城内居民都盼着官军快点来呀！"

刘锦棠闻讯命令黄万鹏骑兵先行，城内守军已逃出，遇上黄万鹏后仓促接战。西征军骑兵左冲右击，刘锦棠大队人马赶到，战士们一个个犹如下山之虎，杀得敌人不知所措，四散逃奔。

城内的海拉古见大势已去，便下令纵火弃城而逃。大军入城，未及逃出的守军纷纷放弃武器，跪地求饶，城内两万多回、维百姓得到解放。

托克逊未经攻城之战而被西征军占领。进入南疆的门户仅余一个吐鲁番了。

在老湘营攻打达坂城时，徐占彪、孙金彪两军翻过大戈壁，夺取了张家卡。三月初八（4月21日）夺取七克腾木，第二天攻打辟展，敌兵不战而走，安集延首领才米邪斯被杀。两军急行，又连克鲁克沁连、木心台、胜金台诸城。于三月十三日（4月26日）攻至吐鲁番十里之外的堡垒，吐鲁番守军倾城而出，准备迎战。恰好刘锦棠所派刘长祐、谭拔萃率三千人马从北路赶到，敌军一见惊慌，四散逃奔。两军会合共同追杀逃敌，杀出十余里方收兵入城，缴获城内长期囤积的军粮和武器辎重。

马人得率万余回军出汉城投降，吐鲁番就此全克。

南疆门户三城之战仅用十二天时间大获全胜，歼灭了阿古柏一半的兵力。

被阿古柏统治的回、维百姓闻西征军的胜利无不欢喜，互相转告，准备随时起义，迎接官军。

阿古柏见大势已去，日夜惶恐，甚至哭泣，四月十七日（5月29日）在库尔勒服毒自杀。

左宗棠接到克复三城的喜报，一面拜折向北京报告，一面派道员雷声远至吐鲁番安抚百姓；并命张曜把巴里坤的军粮运来吐鲁番，以备征讨南疆之用；命徐占彪、孙金彪两军留守吐鲁番。

此时，金运昌大军已抵古城，左宗棠奏请任其为署理乌鲁木齐提督。一切安排就绪，准备进军南疆。

再说弃托克逊不守的海古拉，闻父亲阿古柏自杀，便把多年抢劫得来的财物和军辎都交给了白彦虎，令他守在库尔勒，自己同其死党把阿古柏的尸体以牛皮包裹，奔向库车、阿克苏、喀什噶尔。然而当他扶榇行至克孜勒苏河桥上时，遇上前来迎榇的长兄伯克胡里，竟被其长兄杀死在桥上。伯克胡里抢了父亲的尸体，投向喀什噶尔城。

喀什噶尔有满汉两城。伯克胡里聚集爪牙驻在满城中，令献女儿给阿古柏为妾的叛将何步云守汉城。

白彦虎带着阿古柏积储多年的金器和珠宝，守在库尔勒。库尔勒在开都河西岸，开都河源出天山，所以又称通天河，是《西游记》唐僧师徒经过的急流，小说中描写唐僧在此河遇老龟帮忙渡过，河水湿经也在此河。

白彦虎壅开都河水，使喀喇沙尔和库尔勒之间一百数十里成为泽国，企图以此阻止官军进袭。尽管如此，白彦虎从来就无斗志，他仍在随时观望逃走。连盘踞新疆多年的阿古柏都自杀了，新疆被官军全部克复不会太久。白彦虎每天都在瞅机会出逃。

但是，这时朝中又掀起停战的风浪。

先是库伦办事大臣志崇上奏：目今英俄两国都在盯着我们的用兵，表面上没有动静，时机到来便会帮着安集延人，到那时可就晚了。我看不如趁着北疆平定之时，在天山南北安置军队，招徕农商。而后与英俄两国从长计议，"划定疆界"，这样才可以保住时局的平安无事。

此时，朝中群臣也与志崇相呼应。大家纷纷议论：既然左宗棠已攻下了北疆，乌鲁木齐、吐鲁番都到了我们手中，有了屯兵之城，就不必再前进了。应该抓紧安抚各地的回部首领，让他们俯首听命，做朝廷的忠实藩属也就够了，自古西北用兵都是这么做的，再打下去国库和各关各省的银子可就全空了，借来的洋款又拿什么去还呀！

这些人的议论事出有因。

西征军集中在南北疆之间，每天的消耗很大，原供的军饷将要告罄，全师南下进攻南疆，急需补充军饷。所以，四月二十五日（6月6日）这天，左宗棠拜发了两道奏折，一折说了进攻南疆的军事计划；一折奏请拨银二百万两，暂济急需①。

慈禧接到左折后，布置有关部门拨款，从而引起了朝中大臣们的议论。

但慈禧决心支持左宗棠进军南疆，一举廓清新疆，不顾大臣们的聒噪，命部为西征军筹款。

原先已同意为西征军借洋债五百万两，是左宗棠主动提出暂不借贷，现在应该实现允诺了。于是，清廷在五月二十六日（7月6日），向英国汇丰银行借了这笔款子，分七年还清②。

慈禧主持为西征军借来银子，左宗棠有了进军南疆的底气，于六月十六日（7月26日）上奏《遵旨统筹全局折》，向慈禧全面分析了收复新疆的重要性，并首次提出新疆全复后，应立即着手改将军、都统、办事大臣制度为行省制度，把新疆变成一个行省，设置府县，使之永久稳固。

奏折中说："重新疆者所以保蒙古，保蒙古者所以卫京师。西北臂指相连，形势完整，自无隙可乘。若新疆不固，则蒙部不安，匪特陕、甘、山西各边时虞侵轶，防不胜防，即直北关山，亦将无晏眠之日。"③

在向慈禧要求增加军饷之际，左宗棠又让部队休整了一段时间。因为这些时日，新疆正是热季，不便征战，且等秋高气爽，再行驱驰。

---

① 《左宗棠全集》，第15册，第1031页。
② 《左宗棠全集》，第15册，第1031页。
③ 《左宗棠全集》，第15册，第1032页。

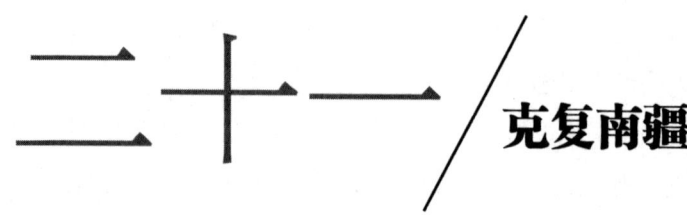

二十一 克复南疆

当西征军蓄力待发,准备收复南疆之时,忽然又发生一起外交纠纷。

原来英国此前曾向清廷为阿古柏说情,让他在南疆立一国家,向清廷称臣而不纳贡,被左宗棠拒理驳斥(事见前章)。如今,英国再度提出此议。

此时,安集延人正派使节赛尔德来到英国,请求英国代向中国请降。本意是要英国支持,仍坚持原议,在南疆保持一个地盘,达到永久占据的目的。

英国人便去找驻英的中国使臣郭嵩焘。郭便把英人之意上奏朝廷,奏折中说英人目的是怕俄国与他争夺中亚地盘,企图在南疆立一个柱子,拱卫印度。如果能"不出数月内,可以收复南疆",则可免其饶舌;但如拖延过久攻不下南疆,"则应及时讲求和议,可省兵力,以为消弭边患之计"。

郭嵩焘向清廷的建议是否有道理,此不多论。但他当时就新疆阿古柏和伊犁问题,多与李鸿章往返议论,其言论与左宗棠确有矛盾。

他曾向李鸿章说:喀什噶尔接近安集延,在极边上很难守护,莫如割给阿古柏,同意安集延在此建一小国,可保百年无事。若是打起来,旷日持久,徒为消耗而已。信中有"经国者务筹久远,主兵者唯取进攻"之语,显然对左宗棠进兵以为不智,而要让"经国者"李鸿章出来主持议和,答应英国人和安集延人的要求。

郭嵩焘给李鸿章的信中,对伊犁也有意见,提出把伊犁卖给俄国,不然与俄人争夺此地,又不知要费多少款子和时日。

清廷把郭嵩焘的奏折转交左宗棠，左宗棠与郭氏本有矛盾，这次便毫不客气地痛驳，奏折以为郭氏要西征军数月内克复南疆，不然就走议和一条路，显然其真意是在议和。而议和之目的是要保留安集延的地盘不被攻灭，为英国留一屏蔽，为继续蚕食中国留下祸根。如此"我愈示弱，彼愈逞强，势将伊于何底"？结论是：地不可弃，兵不可停，唯"席卷扫荡"，一举荡平。

议论之间，新疆的秋天来临。天高气清，潦水落尽，正是征杀之时。

左宗棠上报的军事计划是：刘锦棠率老湘营三十二营为前军；张曜继后；徐占彪回防巴里坤；总兵易开骏马步七营驻防吐鲁番。

七月十七日（8月25日），西征军由托克逊鼓行而西。刘锦棠命汤仁和、董福祥、张俊、张春发率本部人马分别由苏巴什、阿哈拉布、伊拉胡进军曲惠，在曲惠会合，然后进攻托克逊西南的库尔勒。

刘锦棠则率大队沿大道经过和硕，沿开都河向库尔勒正面进攻。

另派余虎恩、黄万鹏取道乌什塔拉，沿博斯腾湖之南岸，包抄库尔勒之后路。

三路大军包抄库尔勒，剿灭白彦虎。

前义已交代，白彦虎踞守此城，蓄水以阻西征军。

刘锦棠大军开抵开都河，见一片汪洋，水深没及头顶，无法前行，只得绕道数十里，方达开都河对岸。九月初一（10月7日）行至喀喇沙尔，已是空城。城内房屋已被白彦虎尽行烧毁，城内水深数尺。

初三（10月9日）军行途中捕得敌骑二，供出白彦虎已胁迫大批百姓逃往库车。当天，余虎恩、黄万鹏两军赶来，一同进入库尔勒，城内也被烧光席卷，空无一物。

部队奔袭而至，士兵自带的口粮已吃光，刘锦棠急命部队四处找粮。在当地维吾尔族百姓的指引下，挖出敌人窖藏的粮仓，得到数十万斤。

大队齐集，埋锅造饭。派出的侦察兵回报：敌人正在策达雅尔一带，强迫当地居民西窜。刘锦棠派出精骑两千五百，乘夜急进，追击敌人。

第二天傍晚，追上了敌人。稍一接战，敌骑又逃走。追兵急急赶去，直追了一夜，天亮时，远远望见足有数万人，正缓缓西行。其中多是维族百姓，携老领幼，哀哀而走，有千余敌人押着大队维吾尔族同胞。

刘锦棠命令抓紧追上敌人，解救百姓。

敌人见官军大队赶来，乃放弃大队维胞，向库车方向逃走。

刘锦棠一边安抚维胞，一边命人马追击敌人。一路上，又解救数万被挟持的维、蒙、回同胞。

大军追至距库车数十里时，数千敌军摆开阵仗，准备迎击。刘锦棠下令分军五路，包袭前敌。在两军拼杀之际，刘锦棠指挥后军突然冲入敌阵，敌军猛然受到压力，不能抵抗，其主帅马由布当即死于马下。敌军混乱，夺路逃走。刘锦棠挥军追击，歼敌千余。第二天，进入库车城。

由库尔勒追敌到库车，行程九百里，用了六天时间，救出难民十余万。

刘锦棠一面向左宗棠报捷，一面命部队向拜城进发，直指阿克苏。左宗棠复信要求留人办好善后，安抚难民，劝教耕种。同时命大军继续前进。

刘锦棠指挥大军，于九月十四日（10月20日）进抵和色尔，离拜城已不远。据守拜城的将领是维吾尔族阿克奈木厘，前不久白彦虎逃至该城，强迫维吾尔族人一起逃走，遭到拒绝后便杀死阿克奈木厘，城中的维吾尔族兵民愤怒，与白彦虎交火。当西征军就要赶到时，白彦虎把城外村庄抢掠焚烧，继续逃亡。

官军一到，拜城守军大开城门迎接。刘锦棠留下方友升一部守拜城，自率大军追赶白彦虎。

急追四十里进入沼泽地。此时已至中秋，塞外白天风和日丽，夜晚薄潦为冰。刘锦棠催促人马在冰水中前进。再追四十余里到达木扎提河的铜厂，遇上白彦虎正裹挟百姓匆匆逃跑，见官军追至，放弃二万余百姓逃走。

但是，官军的穷追恼怒了安集延的头领。他们集中马队，誓与官军决一死战。刘锦棠正要与敌快速决战，便催军攻击。两军在铜厂大战，首先击败白彦虎右路，左路安集延敌首虽然勇猛，也抵不过老湘营的骑兵。不久，也败下阵来。白彦虎一见败势，赶紧先逃。官军追杀，歼敌千名，生擒百余。

大军又追了三天三夜，十八日（24日）追至阿克苏城下。城中守军已逃，百姓开城迎入官军。

刘锦棠决心不放过白彦虎。阿克苏献城后，他分兵两路向西直奔乌什，这是白彦虎逃亡的必经之路。九月十九日追至胡玛纳克河，远远望见白彦虎正在河对面急急逃走。西征军踏冰过河，追上白彦虎，一阵砍杀，白之部将马有才等十六人被戮。白彦虎继续逃奔。二十三日，官军追至乌什城东，又是激战一番，歼敌百余，仍未见白彦虎受戮。

西征军继续追赶，急追了九千多里，已到了大戈壁，远望一片沙漠，却不见了白彦虎，只得收兵返回乌什城。

原来，白彦虎早已派人携带大量金珠宝物与俄人交结，为他留了后路，自己则经由布鲁特逃往喀什噶尔。

自乌什克复，南疆八城已下其四，尚余喀什噶尔、英吉沙尔、叶尔羌、和阗四城未下。自吐鲁番西去，到最远的喀什噶尔，计程四千余里，比从乌鲁木齐到伊犁还要远三倍。

四城克复后，左宗棠上奏说："此次官军浩荡西征，一月驰驱三千余里，收复喀喇沙尔、库车、阿克苏、乌什四城，南疆八城已复其半。""戎机顺迅，古近罕比。东四城既克，和田（即和阗）、叶尔羌、英吉沙尔、喀什噶尔西四城分次合剿，自有余力。"①

南疆东四城克复，此后西征军可以就地购买粮秣，不必再长途运粮。况且，八城克其四，西征军兵威震慑，敌军再逃，克复西四城已指日可待。

官军南下，和阗地方领袖人物伯克呢牙斯准备响应官军，便自率部队攻打叶尔羌。叶尔羌敌酋抵挡不住，便派人向退守喀什噶尔的伯克胡里报告，伯克胡里率五千骑兵援助叶尔羌，大败呢牙斯，攻占了和阗。呢牙斯败走库车，至张曜军营投降。伯克胡里非常得意。

---

① 《左宗棠全集》，第15册，第1032–1033页。

白彦虎逃至喀什噶尔，守城军将阿里达什做不了主，拒不让他进城。二人正在相持之际，西征军已向喀什噶尔步步紧逼。同时，投降敌人的何步云和英韶，见西征军已向南疆扑来，再度反正，据守喀什噶尔的汉城，直接威胁满城。

在叶尔羌打败呢牙斯的伯克胡里返回喀什噶尔，正行至英吉沙尔，听到何步云反正，一怒之下把英吉沙尔的汉人全部杀死。同时派人让阿里达什开城接纳白彦虎，自己也兼程赶至。

阿里达什、伯克胡里和白彦虎三路攻打喀什汉城，何步云抵挡不住。

正在何步云紧急之时，南征军大部队赶到救了他。

刘锦棠原计划自东而西，先行攻克叶尔羌，然后再攻下敌军最后据点喀什噶尔。但当他闻知喀城兵民反正的消息，立即改变计划，先攻喀城。他命令余虎恩、桂锡桢两部人马由阿克苏取道巴尔楚克、玛纳巴什，由东面进攻；黄万鹏、张俊两部人马由乌什取道布鲁特边境，从北面进攻。自率大军屯驻巴尔楚克、玛纳巴什，扼和阗、叶尔羌要冲。

十一月十三日（12月17日），黄万鹏、余虎恩二部首先抵达喀城之北的麻古木和城东的牌租阿巴特。伯克胡里和白彦虎各守喀城北面和东面，准备迎战。但是，城里的各族人民闻知大军即到，汹涌外逃，伯、白二人命令截杀。然而，逃者如潮，截杀不住。二人见大势已去，各自携带财宝溜出城逃走，留下一批死党仍滞留城中。

夜半时分，余虎恩首先由城东攻进，敌人放火烧城，首领王元林率骑兵迎击余虎恩部。两部人马才一接触，王元林便被斩下马来。敌兵混乱，余部冲入敌阵，迅速全歼了出城之敌。

城西北赶来数千援军，正遇上黄万鹏大军赶到，何步云也开城放出人马助战，两军展开血战。

然而，城内敌人见主帅已逃，清军已兵临城下，便打开西门，狂奔而逃。正与黄万鹏军交战者见此情景，也都退出战圈，落荒逃命，来不及逃者尽被杀死。

西征军既克喀城，刘锦棠命令余、黄两部赶走逃敌，务将白彦虎、伯克胡里拿获。余虎恩向西追赶伯克胡里，黄万鹏向西北追赶白彦虎。

两军追了一日一夜，余虎恩追上敌军，大战片时，斩敌一千五百余，生俘余小虎，擒获敌酋家属四百余口，但敌酋伯克胡里逃入俄境。黄万鹏追至岌岌槽，追上白彦虎，全歼白彦虎部，生俘敌酋马元，白彦虎则飞马逃窜。又追一夜，追至恰哈玛纳，已近中俄边界，俄属布鲁特人阻止清军前进，白彦虎乘机渡过纳林河，也逃入俄境。

在余、黄二部追击敌人时，刘锦棠即亲率大军从玛纳巴什直趋叶尔羌和英吉沙尔。乱军皆无心守城，闻讯皆弃城而逃，二城很快克复。刘锦棠所派董福祥部同时收复和阗。

至光绪三年十一月二十九日（1878年1月2日）和阗克复，南疆八城全部克复。除伊犁地区尚为沙俄占据外，其他地区皆被解放，沦陷十三年的南北疆回归祖国怀抱。

收复新疆之战，总共用时九个月。收复北疆四个月、吐鲁番三城半个月、南疆四个半月。如此神速的胜战，当时有人评论"周秦汉唐所未有"。

当年的西方报纸也高度评价了左宗棠收复新疆的战役，"左钦帅急先军食，谋定而往，老成持重之略，决非西人所能料"；"平时欧洲人轻料中国，谓中国人不能用兵。今观中国之恢复回部，足令吾欧人一清醒也"[①]。

---

① 《西国近事汇编》，转引自秦翰才：《左文襄公在西北》，第135页。

二十二 "舁榇以行":为收复伊犁而争斗

舁(yú,抬之意)榇(chèn,棺材)以行,就是抬着棺材去。是指左宗棠为了争回伊犁,让士兵抬上棺材找沙俄拼命,表示沙俄再不交还伊犁就拼死斗争到底。

左宗棠"舁榇以行",为祖国索回疆土的行为,在中国近代史上是最令人瞩目的事件,也是他人生最为辉煌的一页。

这是左宗棠倔强性格最突出的表现。

前文已述,沙俄早在同治十年(1871年)便借新疆回乱,以保护其边界为名出兵占领伊犁。第二年,清廷派员索要,为之拒绝,声称:"祇以新疆回乱未清,代为收复,权宜派兵驻守。俟关内外肃清,乌鲁木齐、玛纳斯各城克复之后,当即交还。"①

光绪二年(1876年),西征军克复北疆和乌鲁木齐、玛纳斯等城,俄国尚无归还之迹象。朝廷大臣多人提出,应立即向俄国交涉索还,但左宗棠认为应专力进行收复南疆的军事行动,此时进行外交交涉,会别生枝节,南路军事反难兼顾。

第二年秋天,收复南路的大军进攻南八城时,俄国和土耳其发生了战争,俄国驻伊犁的军队大部调往前线作战。金顺得知此情,写信给左宗棠,愿意自提所部借机收复伊犁。但左宗棠仍未同意,理由是金顺部兵力不足,

---

① 《新疆图志》,第54卷。

南路又不能分兵；即使军事上有把握，也不必用偷袭的方式，待新疆全靖时，尽可堂堂正正地向俄国要回。

南疆八城克复后，白彦虎、伯克胡里逃入俄国并被收留，刘锦棠准备入俄境逮捕。左宗棠立即制止入俄境的做法，认为边疆官员和军事将领无权处理边土问题；便命令金顺致信俄人，提出交出叛逆和伊犁；同时上奏清廷，照会俄国，按原议讨还伊犁。

光绪四年（1878年），清政府派吏部侍郎、三口通商大臣崇厚为全权大臣出使俄国，进行伊犁谈判。

满洲大臣崇厚任通商大臣十八年，1870年因"天津教案"出使法国代清廷"请罪"，因此成为满洲贵族中"知洋务者"。但是，正如郭嵩焘所言，他"名为知洋务，徒知洋人可畏而已"。其颟顸无知，畏敌如虎，在俄方的欺蒙威吓下，于光绪五年八月（1879年10月）在克里米亚半岛的里瓦吉亚城与俄国签订了《里瓦吉亚条约》。

条约十八条内容，除第一条规定归还伊犁空城之外，其他都是中国应为俄国付出的权益，包括赔款五百万卢布，割让伊犁西南广大领土，占据通往南疆的险要穆素尔山口，天山南北路俄人免税通商，俄人可自嘉峪关前往西安、汉中通商，俄人在哈密等七处设置领事等。俄国人侵占中国领土多年，却又得到即使冒战争危险也得不到的重大利益。

条约议定后，电告总理衙门。清廷认为条约极不合理，欲电告崇厚，不予批准。崇厚未等复电就留下参赞邵友濂，自己启程回国。消息传出，朝野大哗，言官交章弹劾。崇厚归国后听到风声不好，便躲在天津不敢入京复命。总理衙门以"派人欠妥"，上奏检讨，并请两宫发布谕旨，以"崇厚不候谕旨，擅自启程回京"为罪名，将其暂行革职，所订条约，让朝内臣工"妥议具奏"。这道上谕连同十八条款在宫廷的报纸《邸钞》上发布，崇厚只得入京跪于宫门谢罪后，听候发落。

对崇厚的"廷议"，朝中异常激烈，仅张之洞一人就先后条陈二十多通，要求"废约"、派使、备战、惩罚崇厚。言官们也大都发表议论，内容与张之洞大体一致。

清政府迫于舆论的压力,先把崇厚革职,下刑部狱中。

但是,李鸿章等却极力反对废约和惩办崇厚,恭亲王也支持李鸿章的意见,以为崇厚既为全权外交使节,若废约罚使,将引起俄人愤怒和各国的"讪笑",亦可能会由外交转入军事冲突。

病中的沈葆桢也几次上疏,迎合李鸿章的意见,恳请朝廷在条约上签字,废约"万不可行"。不久,他就死掉了。

反对废约的还有军机大臣、总理衙门大臣沈桂芬。因为崇厚是他推荐出使的,起初他还向慈禧检讨,说自己"所荐非人","急得白了头"。但他见到恭亲王、李鸿章等朝廷重臣皆主张批准"崇约",又强硬起来,强调"先允后翻,其曲在我";中国"外强中干,设与俄议决裂,深为可虑"。

最后,李鸿章主张停止"廷议",由恭亲王"主持大计,勿为浮言所动"①。恭亲王则向慈禧施加压力,提出若行废约,中俄战端会马上发生,中国的西征已使库款枯竭,再打下去就无法维持事局。

恭亲王的态度也引起臣工的不满,黄体芳、宝廷在折中直言:"改崇厚之新约易,改枢臣之成见难"②;张之洞则奏言:沈桂芬"昏谬私曲,必欲使大局败坏而后已"③。

廷议期间,慈禧多次给左宗棠发"密谕",以为他对新疆大局最熟悉,又统带大军,处于中俄边境,"尤当通筹全局,权衡利害轻重","设法挽回",让他"详细筹度,密速具奏"。

左宗棠接到"密谕"后,详细剖析了"崇约"对中国的巨大危害,认为如允准条约"武事不竟之秋,有割地求和者矣。兹一矢未闻加遗,乃遽捐弃要地,餍其所欲,譬犹投犬以骨,骨尽而噬仍不止,目前之患既然,异日之

---

① 《李文忠公全集·译署函稿》,第10卷,第17页。
② 翁同龢:《翁文恭公日记》,第18册,第84页。
③ 《清季外交史料》,第18卷,第20页。

忧何极！此可为叹息痛恨者矣"①！最后提出，对俄约必须废止，对俄人应"先之以议论，委婉而用机；次决之以战阵，坚忍而求胜"②。

最后，慈禧采纳了左宗棠的意见，他的"先之以议论"，"决之以战阵"的论说成了清政府对付沙俄的总方针。即用外交和军事两手来对待侵略成性的俄国，立足点应放在军事上。即使与之谈判来解决问题，也应把武力放在第一位，只有强有力的武装力量，才能取得外交上的胜利。

光绪六年的大年初三，军机处召开了新年伊始的第一次会议，会上以左宗棠的"待俄方针"为中心，讨论了收回伊犁的举措。

会后连发几道谕令，宣布派曾国藩之子、大理寺少卿、出使英国外交大臣曾纪泽为出使俄国钦差大臣，重新谈判订约；宣布崇厚"违训越权"罪名，交由刑部量罪拟刑。同时，由总理衙门把这两项决定照会俄国。又命左宗棠统筹战守。

光绪六年正月二十三日（1880年3月3日），清廷把崇厚定为"斩监候"，待时斩决。

国内对崇厚辱国的议论尚未平息，国外的压力又随之而来。南北洋大臣送来各国的照会，大都对废约、惩使不满。有的向中国提出"忠告"，有的则"嘘声恫吓"。沙俄接到中国的照会，扬言"水陆并进，与中国决战"，向伊犁增兵一万，由海参崴向中俄边界调兵一万两千，并说要调集舰队攻击大沽口，拒绝曾纪泽赴俄。

总理衙门见形势紧张，便企图让地方大员说服慈禧太后改变态度，安排南洋大臣刘坤一入京陛见慈禧，陈请接受英国的"调停"。

当时，慈禧正在病中，她暂将此事交奕䜣、奕譞等重臣处理。于是王大臣、军机处大臣于光绪六年五月初八、五月十三、五月十四日，接连召开会议，其宗旨仍企图坚持原约、释放崇厚，请英国"居间调停"。

---

① 《左文襄公全集·奏稿》，第55卷，第31页。
② 《清德宗实录》，第103卷，第5页。

五月十九日（6月26日），总理衙门指示尚未出国的曾纪泽照会俄国公使，称中国已决定免除崇厚之罪。同一天，恭亲王奕䜣向各省督抚发出廷寄，说朝廷将免崇厚之罪，中国的海防不足对付俄国的舰队。

　　同时，李鸿章加紧向英法活动，并请英人戈登来华。戈登面见奕䜣、奕谟等重臣，扬言中俄若开战，"俄军会在两个月内占领北京"！驻俄参赞邵友濂也来信说：俄国的远征舰队共有二十三艘之多，中国绝难阻挡。

　　左宗棠收到"密谕"，并密奏以武力作后盾与俄国争斗的方针被批准后，他立即部署兵力，定下三路出师的策略：伊犁将军金顺率所部万人，严守精河一线，防止俄军东窜，并调金运昌卓胜营骑兵五千人、步兵四千五百人协助。这是东路军。中路军由嵩武军统领张曜的马步五千人组成，由阿克苏越过冰岭向东，沿特克斯河直向伊犁前进。西路大军由刘锦棠率老湘营马步一万余人组成，取道乌什，越冰岭西去，经布鲁特向伊犁进发。又命谭上连、谭拔萃、易开俊等部作为后路。

　　三路大军浩浩荡荡齐奔伊犁，人腾马跃，个个争先，愿为夺回新疆的最后一块领土而献身。

　　光绪六年四月十八日，六十八岁的左宗棠跨上白马，率亲兵千余人离开肃州西行。队伍中八名精壮士兵抬着一口黑漆大棺材，随在左宗棠马后。只见队如长龙，旌旗猎猎，在雄浑的大戈壁上前进着。

　　左宗棠作为西征军的大帅，"舁榇以行"①，表现了义无反顾的决心，显示了伟大的中国人民不可轻侮、中国的神圣领土不容侵占的钢铁意志。

　　左宗棠和数万将士的决心，使沙俄侵略者心惊胆寒，也使中外震惊。

　　左宗棠命令三军：如俄人"称兵越界"，我即以追扑为策进入俄境，乃"师出有名"。

　　五月，左宗棠行抵哈密，驻军城西凤凰台，就近指挥。他探得俄兵据守伊犁地区者，总计不过数千名，大炮不过十尊，其意只在防守，并无进

---

① 《左文襄公全集·书牍》，第24卷，第3520页。

攻能力。

他命令各路大军行抵伊犁附近驻防，密切注意俄军动向，待机而动。

正当西征军按左宗棠命令前进到各自位置，待机收复伊犁，打击俄国侵略者时，清廷忽于七月初六（8月11日）发来一道谕令："左宗棠现已行抵哈密，关外军务谅经布置周详。现在时事维艰，正需老于兵事之大臣以备朝廷顾问。左宗棠着来京陛见。"

左宗棠明白，这是俄、英的军事和外交恫吓起到了作用，实质上是清廷的政策发生了重大变化，只求沙俄接受曾纪泽的谈判，怕自己"意气用事"，阻碍了"和谈"。

由于清政府的"委曲求全"，也的确让俄国答应曾纪泽去俄谈判。六月二十四日（7月30日）曾纪泽自伦敦起程，经巴黎到达俄国彼得堡。七月初六，曾纪泽电告清廷：释放崇厚是谈判的先决条件。京城又有消息：俄国远征舰队已达日本长崎。此讯令清廷"举朝失色"，迫使清廷明发上谕，对崇厚"即行开释"[①]。

左宗棠对朝廷的举措很是气愤，他对俄国的情况比较了解：沙俄与土耳其的战争刚刚结束，正忙着对土耳其战后的"消化"；在远东，英国不许俄国势力发展，俄国无力应付英国；俄国本土灾情严重，粮食缺乏，内部极不安宁。所以，他们不仅无力与中国进行大战，即使在新疆发动局部战争，也难逃失败命运。他给部下的信中说："俄事尚未定议，而先以兵船东行，为恐吓之计；谟谟诸公便觉无可置力，国事混淆！计抵京时，错将铸成矣，为之奈何！"

但是，君命难违。于是，他上奏推荐刘锦棠督办新疆军务，张曜帮办，杨昌濬护理陕甘总督。

同时，为准备应对俄国的武力威胁，他命令王诗正、刘璈、王德榜三军急行入关，驻守张家口，以防俄人自东北入侵，扰乱京师。

---

① 《曾纪泽遗集》，第182页。

正如左宗棠所想，俄国人只是恐吓，无力发动战争。当曾纪泽与俄人谈判时，俄人仍以恫吓为上策。但是，他们也对左宗棠极为害怕，更怕谈判决裂，军事上无力应付西征军，在伊犁方面，俄军更是不堪一击。所以，在谈判桌上一直向曾纪泽询问左宗棠的消息。

左宗棠受调入京，俄国人已得知信息，曾纪泽却不知情。俄国人以为是清政府调左入京，商讨全面对付俄国，因此每天都问曾纪泽。例如：十一月初十俄国首席谈判代表格尔斯在会见时急急忙忙问曾纪泽："听说左宗棠现已进京，恐怕会挑起战事，不知确否？"

曾纪泽确实不知信息，因此回答："这是谣言。"

格尔斯以为是对方保密，恐慌万状，极言："中俄两国和好二百余年，若为不值一提小事就打起来，实在不值！"

后来，又多方询问，并说"是奉本国皇帝之命，皇帝陛下听说左相奉诏入京，很不放心，我们两国务须及早签约，免生枝节"①。

因此，左宗棠的强硬态度和军事行动，一直是曾纪泽谈判的后盾，俄国谈判代表所以不敢过于嚣张，是左宗棠"舁榇以行"的拼死决心在震慑着他们。

谈判代表曾纪泽以左宗棠的军事实力为坚强后盾，又进行了艰苦卓绝的外交斗争，终于"虎口夺食"，让沙俄作出了让步，于1881年2月24日（光绪七年正月二十六日）重签了《中俄伊犁条约》。

新约同样是一个不平等条约，中国仍旧失去不少权益，但比起《里瓦吉亚条约》来还是改善了不少。中国收回了伊犁全境和特克斯河上游两岸的大片领土，拒绝了俄国向西安、汉口、天津方面的通商要求等。在弱国无外交的困难形势下，中国能做到废约、改约，又能收回一些权益，已属不易了。

《伊犁条约》互换文本后，金顺作为伊犁将军，率军进驻伊犁，结束了俄国人长达十一年的霸占局面。至此，新疆全境收复，实现了左宗棠率军西征的目标。

---

① 《伊犁交涉中俄谈判记录》，转引自左景伊：《左宗棠传》，第372页。

二十三 "引得春风度玉关":对西北的开发建设

唐朝边塞诗人王之涣《凉州词》曰:

黄河远上白云间,一片孤城万仞山。
羌笛何须怨杨柳,春风不度玉门关。

明朝杨慎《升庵诗话》评述:"此诗言恩泽不及于边塞,所谓君门远于万里也。"所言唐开元后期,玄宗荒淫纵乐,不务边防,致使盛唐转衰,西北边境荒凉。

至清朝前期,康熙三次亲征噶尔丹取得了辉煌胜利,使混乱千年的西北新疆、青海、甘肃边境趋于平静。但嘉庆朝后,国力再度转衰,西北再度出现混乱局面,左宗棠奉命西征,平息陕甘、进兵新疆,做出了前朝未有的伟大功绩。

他出关多年,不仅平定西北乱事,而且对此处进行了一系列开发建设,也是中国历史上极为光辉的一页。

平定西北就要巩固西北,巩固之策主要是在西北建立行省制度。

关于新疆置省,远在嘉道年间,龚自珍、林则徐、魏源多有此议。及至收复新疆,是左宗棠早年的理想实现之时。光绪三年三月,吐鲁番克复时,左宗棠第一次正式向皇帝提出设新疆行省主张。

奏稿说:"立国有疆,古今通义。规模存乎建置,而建置固乎形势。……至省费节劳，为新疆画长治久安之策，纾朝廷西顾之忧，则设行省，改郡县，事有不容已者。"①

待新疆南八城克复，又奏请新疆建行省，建议朝廷交内外大臣会议。

在伊犁交涉中，左宗棠再度提出新疆建省。清政府就此事再四咨询左氏。他在奏折中详陈建省的计划和实质，该奏折可视为左宗棠新疆置省主张的中心内容②。

光绪六年四月十八日（1880年5月26日），第四次奏请新疆建省，并为建省谋划了具体实施方案。光绪八年，左宗棠已调为两江总督，再度奏请此事。

清政府根据左宗棠的历次建议，于光绪十年，任命刘锦棠为新疆巡抚，以迪化州城（今乌鲁木齐）为省会，新疆省体制完成。左宗棠于这年去世，然而新疆省制自此至今，实左氏之历史功劳。

左宗棠对西北的建设，自然出于军事目的。大军前行、转运军需、转递文件都要有畅通的道路。所以，左宗棠大军一出关就遵照他的命令，军队驻扎，立即修路。军行到何处，何处就会出现新修的大道。而且，路边都必须栽上杨柳榆树，路修到哪里，树就栽到哪里。

当时的路面很宽，大抵三丈至十丈。道旁栽树二行至四行，为巩固路基，也为行旅荫蔽。大军自潼关出，随行随筑路，主干路贯通陕甘两省。进入新疆后，继续筑路，北路修到精河，南路修达喀什噶尔，全长超过万里。

沿途所栽之树，仅陕西长武至会宁县境的六百里之间，长成的杨柳就有二十六万四千多株。湖南宁乡人隆无誉著《西笑日觚》书里说："左恪靖命自泾州以西至玉门，夹道种柳，连绵数千里，绿如帷幄。"人们称之为"左公柳"③。

光绪五年，原任浙江巡抚杨昌濬罢官家居，应左宗棠之奏荐，来兰州接

---

① 《左文襄公全集·奏稿》，第50卷，第75页。
② 《左文襄公全集·奏稿》，第53卷，第23—25页。
③ 秦翰才：《左文襄公在西北》，第163页。

替已故的帮办陕甘军务刘典。当他进入陕甘境，看到道旁柳榆成行，大出其意料，即景生情，赋诗曰：

> 大将筹边尚未还，湖湘子弟满天山。
> 新栽杨柳三千里，引得春风度玉关。

杨昌濬将此诗递到左公的肃州大营，左宗棠看了"拈髯大乐"。

第二年，左公奉诏入京，一路走来，见新栽柳榆已拱把成握。行抵西安，又要求陕西巡抚冯誉骥继续筑路植树。

光绪三十一年，流放新疆的斐景福著《河海昆仑录》，仍对"左公柳"有一番美丽的描述，他发现道路沿途皆写有告示[①]：

昆仑之阴，积雪皑皑。杯酒阳关，马嘶人泣。谁引春风？千里一碧。勿剪勿伐，左侯所植。

民国年间，国民政府教育部部长罗家伦出使法国途经新疆，曾写下一首古歌：

左公柳拂玉门晓，塞上春光好。天山融雪灌田畴，大漠飞沙旋落照。沙中水草堆，好似仙人岛。过瓜田，碧玉葱葱；望马群，白浪滔滔。想乘槎张骞，定远班超，汉唐先烈经营早。当年是匈奴右臂，将来便是欧亚孔道。经营趁早，经营趁早。莫让碧眼儿射西域盘雕。

后来，著名音乐家赵元任把这首古歌谱曲，定名为《玉门出塞》，在台湾流传[②]。

---

① 秦翰才：《左文襄公在西北》，第164页。
② 左焕奎：《左宗棠略传》，附录四。

左宗棠青年时代所读之书即有齐道南的《水道提纲》，加上他所治的农学，对农业、水利方面很有研究，是他所学"实学"的基本内容之一，在他开发西北时成为行动的思想根基。

他刚到西安就对华州知州说："水利所以养民，先务之急，此为最初。"还说："西北素缺雨泽荫溉，禾稼蔬棉专赖渠水。地亩价值高下，在水分之多少。水足则地价贵，水绌则地价贱。治西北者，宜先水利，兴水利者，宜先沟洫，不易之理。唯修沟洫，宜分次第，先干而后支，先总而后散。然后条理秩如，事不劳而利易见。"①

这段话是左宗棠对西北兴修水利工程的见解。当时，黄淮流域终年闹水灾，而西北地区又极其缺水。据说，西征军出关行军，因怕无水喝，战士经常在背上背着几十个地瓜或大萝卜。军行之途，也只得一组组分开次第渐进，人多了就会水不够喝。可见水源在西北多么缺乏，西征军因缺水是多么的行军困难了。

至于兴屯田，发展农业，种植树木瓜果，无一不与水有关。

据秦翰才所记，左宗棠命部所到之处即开垦、即修路、即栽树、即兴修水利，这是一套连带不分的系统工程。同治四年，刘典就郑渠和白渠遗址，重修龙洞土渠一千八百丈、石渠五十七丈二尺。又疏通明代的旧渠利民渠，改为因民渠，可灌田数百顷。

左宗棠驻节平凉一年多，经常研究这里的水源和史地，派人去泾水上游勘探，就是要因泾水彻底为之，大修水利。他曾说泾水源自平凉西北数十里，平凉之南数十里为汭水之源，到泾州二水合流，水势渐壮。如筑坝引水，可灌田数百万顷。如节节作闸蓄水，可以行船。

到了光绪三年，西北大旱，左宗棠曾想以赈工之法开泾水灌溉。与地方官员魏光焘商量办法，仍申前说，即从泾水上游着手，彻底治泾之害为利。

他曾派人购置外国的开河机器，久未见果。后委胡雪岩通过洋商买了德

---

① 《左文襄公全集·书牍》，第21卷，第9页。

国的一套，另雇几位德国技师，于光绪六年秋到了泾源工地。他派平凉知府廖溥明设局主办，开出了一条长二百里的正渠。他还亲自视察了工程，指示渠道还应加宽，并开出数条支渠，以加大灌溉面积。

左宗棠还曾拨款一万三千余两，治理宁夏的渠道。左公原想彻底治理宁夏历代所修的旧渠，形成一个完整的系统，如兴修完工，可灌溉八十多万亩农田。但因他被朝廷招入京，此工程未竟，仅完成部分而已。

河州平定后，左公命王德榜一军在狄道、安定一带屯田自给。王德榜向他报告了一个计划：引抹邦河水灌田。但抹邦河在狄道岚关坪之上，坪下是洮河。引抹邦河水至洮河，要挖开洮河九岭峡，峡高三十五丈多、长四百二十丈。王德榜要把它挖低二十五丈，修成明渠，估计要人工五六十万，每天派两千五百人挖峡，要六七个月才能完成。完成后，引水灌田可以达到二十五万亩。

左公做事向来不怕艰难，可是他面对王德榜的计划却惊呆了！

经王再四请求，方得到允准和帮助。

工程果然如期完工。左公派巩昌知府前往验收。知府给左公呈递报告说："……坝高三丈有奇，宽二十丈，俾河水鼓起入渠。引至岚关坪山脚，复凿平山石，高七丈有奇，长四百余丈，中开石渠一道，面宽三丈，深八九尺不等。水由石渠绕入土渠。并于狄城南川一带，开挖支渠十一道；川北一带，开挖支渠七道。所有南北两川民田，均可以资灌溉。其渠口之西，设有板闸一道。需水多少，则按闸板启放。坝右石山，又开便河一道，东西长三十八丈，深一丈八尺，宽约十余丈，以备水旺时分泄水势，免致伤坝。坝之南，便河之北，就石坪上立庙一座，横联三楹。其沿山一带之土沟，碱水下注，均筑桥漕，架水过渠，由田间另辟水路，将碱水泄入洮河，不致有伤禾嫁。……查由水入渠口，西行抵岚关坪高坎，计长七里；自高坎迤北至狄道州城，三十里；过州城迤北搭视渡，过东峪沟，以及八里、十里、十五里，直达清水渠。计自坝口至清水渠，统长六十余里，始由清水渠泄入洮河。卑府周视岚关山脚渠道及新开便河，均系石山开凿，地雷轰成，委非民工民力所能举办。且时值雨后，水势颇旺，渠内源源灌注，亦无泛滥之势。"①

王德榜《龙王庙碑文》记道："斯渠也，始造于同治十二年六月既望之翌日，以同治十三年五月晦日讫功。其长七十里，广丈有六尺。堤高三丈五尺，宽二十丈余，横亘两崖。糜金钱四百万有奇，火硝磺两千六百石。"

了不起！这些西征战士，毫无近代机器相助，全以炸药和双手凿出如此伟大的工程。真是了不起！

左宗棠在西宁修复府城西的渠道和开挖碾伯栖鸾堡沟渠二十余里。大军穿过河西走廊，在安西、敦煌、玉门三州县，左公拨赈银两万两分发百姓，并每人寒衣一套，使之安居。而后兴办军屯、民屯，并在张掖开渠七道，又复马子渠五十六里，灌田六千八百亩。在河州开渠四十里、祈家集水渠一道……不一而足。

至于左公帮助张曜以毡条铺底修渠，亦为历史奇闻，此为之记。

前述张曜嵩武军哈密屯田，其水利事困难，他发现一个引山水的石城子渠，渠水流入沙地，多走失不见，闻用毡条铺底可防漏水。张曜将此事报告了左公，以为当时战事紧张，军费困难，无钱多买毡条。但左宗棠却大力支持，决定拨款购买十万条，彻底修复此渠。而毡条也极难购到，左公从宁夏、河州、西宁等地为之采购，节节搬运至哈密。此渠修成，可灌溉二万亩田地。

张曜还修筑榆树沟一渠，可灌田五千亩。

其他地区的渠道有：

哈密两道：一道在天山下黑溪阪至黄萝岗。另一道为拔木登至黄萝岗，长六十余里，宽八丈，深十余丈。

巴里坤一道，长二十里。

乌鲁木齐三道：永丰、太平、工兴为总，支渠十余道，长达四百余里。

---

① 《甘宁青史略正编》卷24，第5页。转引自《左文襄公在西北》，第234页。

喀喇沙尔十道，总长数百里。

库车两道，全长二百余里。

古城子、玛纳斯、库尔勒、库尔楚皆修渠若干。

南疆西四城域水利，与其他地域不同，收复四城时，正是水患时期。喀什噶尔河、叶尔羌河，两河流域一片汪洋。左宗棠闻报，立即命令挑浚故道，修复沿河渠道，添开支渠，疏通积水，以减水势。刘锦棠修筑了大连、小连、萼拉合齐、老南四渠，总长一百六十余里。并浚疏英阿瓦提、牌素巴特等一百二十里之渠，还修筑了阿拉东、小英阿瓦提二渠。

在河水泛滥时，这些渠道为消弭水患发挥了很大作用；水患消除后，这些渠道又为灌溉田地作了贡献。

左宗棠在西北的文化教育事业，据秦翰才统计，仅各地的书院就办了三四十所。办义学十六所（省城内外），各地方义学数百所。

但是，左宗棠在西北时，一直关注着前方紧张的战事，对文教事业既无足够的资金，又无时间去做。他的屯田耕作、筑路、水利等事业都与军事方面十分密切，不办无法进行军事征伐，因此做出了辉煌业绩。

左宗棠可以定位为爱国者、民族英雄、军事家和洋务派实业家及经世致用派。但他并非教育家，上面列举的办学数字并非是他亲自操办，只是在他做陕甘总督期间，西北地区出现了学校而已。

当然，他是关心教育事业的。他曾为书院学生发放伙食费、助学金，为创办学校创造条件，为发展西北的文化事业刊刻过各种书籍等，这些在有关左宗棠的史料里有所记述。但是，他一生中所办的学校，最典型的还是福州船政学堂，这所学校的成绩，在近代史上是很突出、很有影响的。

二十四 / 尴尬的军机大臣

封建政府有个不成文的规矩，即调权臣入京为相，剥夺其权势，消患于无形。古今皆然。

近代史上的几个权臣都有过这种经历。

如权势最大的李鸿章，甲午战前把持了国家的政权和军权，人称"权倾朝野，出将入相"。但是甲午战后从权力的巅峰滚落而下，"奉旨入阁"为相，借住贤良寺，投闲京师。伦敦《特报》评论："和议既定，入阁办事，非尊之也；问之疾视中堂者，声势正复赫奕，借此以夺其柄，所谓飞鸟尽而弓藏也。"①

袁世凯和张之洞是清末"新政"运动中的两大权臣，一个坐镇直隶，一个坐镇湖北，皆握军政实权。尤其是袁世凯，手握重兵，虎踞京畿，可为拱卫京师的大将，亦可为朝廷的大患。此二人在"丁未政潮"发生时，于1907年9月4日同一天被招入阁。史家评论是为清廷借预备立宪官制改革，"收二人军政大权，取明升暗降之法也"。故此，二人皆逡巡不去，"忧时感事乃十倍于平日也"②。

左宗棠被招入京，同样因为他手握兵权，坐镇西北，朝廷在中俄伊犁交

---

① 蔡尔康、林乐知：《李鸿章历聘欧美记》，第19页。
② 参见拙著：《张之洞大传》，第12章；《真实的袁世凯》，第20章。

涉中怕他闹出乱子，影响"和平"交涉；同时也怕将来他为重兵之帅，尾大不掉。既然西北重大军事已了，正可借机调来京师，夺其军权。

在伊犁交涉中，首先给左宗棠这匹湖南犟骡子套上了笼套。

左宗棠入京后先住长沙会馆，述职时同将来的李鸿章一样，也住在贤良寺。贤良寺位于东安门外冰盏胡同，是清雍正时怡贤亲王的府第改建。此宅建筑宏伟，层甍云构，闲院堆花。这里环境极为优雅，又近邻紫禁城。正是明升的外臣闲居养年之处，也正好便于朝廷控制。

左宗棠于光绪六年正月二十七入京，第二天觐见召对，命入值军机处，同为总理衙门行走大臣，管理兵部事务。至九月初六命补授两江总督，兼理南洋通商事务，他在军机大臣任上待了八个月。

这短暂的时日，让左宗棠极不愉快。本来调他入京，就是怕他在西北同沙俄打仗，影响谈判的，让他入值军机处并无实职可干。以左宗棠的犟脾气，在西北军营日理万机，百业待举，猛一离开，闲在京师，他哪里闲得住？何况宫中制度烦冗，满汉等级森严，他又怎能被许多笼套圈得住？

故此闹出很多事端，时不时被人嘲弄。最后闹出大乱子，又被慈禧驱离京师。

左宗棠入京的几个月，记述多是传闻，但大背景却是真实的。

如说左氏才一入京，进崇文门（俗称哈德门）就遭勒索。

原来崇文门是官吏人等入京要收税之门。商贾们要根据所营商业大小交入门税；闲杂根据所携财物多少缴纳"门包"；官员也要根据级别高低在此处捐献。

左公入其门亦遭盘剥，但以他的犟脾气，大言："本督入京，乃太后皇帝请吾，何以要缴银！如果入国都非缴银，就让皇帝代吾缴！"

他到底未缴，门卫见他官大气粗，也拿他无法。但是，此门之后大有来头。左公未进门，已得罪了某些权贵。

左公进城的次日必要觐见两宫。但当时慈禧闹病，慈安接见。慈安和蔼地询问他一路行程及其身体状况，左公见到太后礼遇，不禁泪落。并言自己素有眼疾，长途跋涉受风沙吹打，故常流泪。通常戴上墨镜，日照不透、风沙不侵方可免于流泪。

慈安闻言让他戴上墨镜，但左公以为如此不恭。慈安说君臣乃一家人，不必客气。左公只好探拿墨镜，激动之间，墨镜落地跌破。慈安令太监取咸丰的墨镜赐予，左公得到了御物。

不料，这个墨镜惹了祸。总管太监因左公得镜，索要巨金；左公得到军机大臣高位，要由太监宣诏，亦索巨金。这使左公异常烦恼，他既无巨款在身，又对这些陋规反感，故此一概不缴。于是，再度开罪宫中太监群体。

上述几端，"门包"之规有，墨镜之说无。即使有入门陋规，像左宗棠这般入京大员，自有朝廷派人接迎，自然不会有"门包"之争。而左公被任命入值军机处，也不会让太监去宣旨，军机处大臣是极少的几个位子，乃由皇帝或皇太后当朝宣旨，自然太监也无权讨要"宣诏费"。

这些，皆因左公脾气犟，不理宫中、朝中冗规，被文人们编造的野史。

左公的品格性情，加之多年军伍，让他与朝中的规矩格格不入，这是实情。

朝中有句为客的行话："多磕头，少说话。"这也是文人们编造出来，笑话那些庸官的。典出清朝相爷曹振镛，他为相数朝，一无政绩，门生请教，他说："无他，但多磕头，少说话耳！"

自然，少说得罪权贵的坏话、少言敏感的话，是保住官位的一个条件。但是，清朝制度也并未腐败至此。不做事、不说话的官员想升迁也非易事。如果真的一无政绩，二无靠山，既升不了官，也保不住位。朝中自有监视人，大群的御史、给事中、翰林院等，都是监察者。他们都有权奏事，有权弹劾。其职务在于监察，无事尚能生非，容不得不做事、不说话的庸员。曹振镛为官数朝，自有其门道，只是无人研究罢了。

但是，如果你不守规矩，在敏感的问题上说了不该说的话，那就要倒霉。

例如清朝规矩，同是军机大臣，有满汉两班，而且带班的首席，多是满洲王爷担任。军机上朝,通常由首席一人上奏。就是说,一般军机大臣,有什么要奏的就提前说给领班军机。朝圣时,领班奏罢,如皇帝、太后点名让谁说话,那他可以补充说话。但说的话只能是补充,若节外生枝,就会得罪首席。如果某军机随便开口,那叫作"越班奏事",一般是要闯大祸的。英明的皇帝,也曾想打破这个规矩,因为首席军机控制了言论,使皇帝得不到真相,会受其蒙蔽。但是,满汉的隔膜,数百年亦难打破。

左宗棠的脾气和他军中大帅的阅历,惯于一个人发布军令,让万人拼杀,这就决定了他很难守这个规矩。

所以,他既没有提前向首席报告的习惯,而且召见时也是想到什么说什么,不管次序想到便说。当时的首席是恭亲王奕䜣,尽管此人思想开放,但规矩他还是不愿破的。因此,对左宗棠的越班奏事,极为不满。

一次,左宗棠又越班请给部将王德榜差使,慈禧先就不高兴,但见他是有功之老臣,给了他面子同意了。而恭亲王老大不高兴。下朝后,左宗棠仍不知进退,提出让王德榜上朝谢恩。恭亲王实在忍不住,说:"且等诏书下来再说吧!"他这是在讽刺左宗棠不懂规矩:皇帝、太后面允还算不得定论,诏书下后才可上殿谢恩。

还有一次,有人上奏了京西永定河工程,左宗棠对水利内行,在军机处又无实事干,便立即收拾出京去永定河察看。军机处大臣们对他的行为给以讪笑,恭亲王教训他:"军机大臣,出京的举动是要皇帝批准的!"

军机大臣宝鋆是满洲宗室,对左宗棠更为仇视。同治七年左宗棠在直隶与捻军作战时,宝鋆之弟宝森拿着宝鋆的名片找他办事。左宗棠向来对满贵有成见,一见宝森拿他哥哥的名片前来,立即发火,把他训斥一番。宝森碰壁,愤愤而走。

所以,宝鋆总是找他的毛病,并寻机揶揄侮辱。左宗棠口无遮拦,对满贵的慵懒也极为看轻。因此,他在京中引起的矛盾愈加尖锐。

左公生长在湖南,后来领兵到东南和西北作战,故此湖南土话一直不改。上朝时,太后偶问:早起上朝是否觉得辛苦?他回答:经年用武,很早便起床，早已习惯了。而习惯二字，他却用了方言"弄惯"。在军机处闲坐无事，他不习惯，便提出："坐久了，散了吧！"皇帝多日不诏见，更觉无聊，他便闲咏"八方无事诏书稀"。大学士李鸿藻便写了首歪诗讥讽他，诗曰：

> 军营弄惯入军机，饭罢中书日未西。
> 坐久始知春昼永，八方无事诏书稀。

他听了异常气愤，又用土语骂那些闲散满贵"冒得寸用"，即无一寸之用，无啥屁用。如此，更让大家不喜欢他。宝鋆则侮辱他是"一团茅草"；福建文人林寿图、名士郑孝胥等都有讽刺左公的诗文①。

左公的憨直，慈禧也很不喜欢，因他功劳大，一些细处也不加理睬。但在慈安暴死的问题上，便不再容他了。

光绪七年三月十日早朝，慈安临朝接见军机大臣，傍晚便传出暴死之讯。大臣们被传至朝房，静候传旨，谁也不敢说话。而左宗棠憨不住，却说："早晨临朝还好好的，怎么就会突然晏驾？"这句话是大家心中所想，但谁也不敢说出口，这是极为敏感的事情！

恼恨他的太监们很快把此话传给慈禧太后，于是她决心把左宗棠逐走，免得日久生事。据历史考订，慈安并非慈禧加害，但宫中传出许多两宫太后的矛盾来，慈禧也听到了，故此不能让左公再乱说。

左公二月入军机，七月病重不再上朝，九月初诏授两江总督，离京师。

在这短暂的时日里，左宗棠所做的实事是修治永定河工程。

前文已交代，他入京前为防俄人自东北路入侵，曾命王德榜、刘璈、王诗正率军驻守张家口。后来闻知京西永定河水患严重，便奏请修治，调王德榜、王诗正各营到直隶涿州修筑永济桥堤。王德榜在西北开过工程浩大的渠

---

① 左宗棠入军机逸事见《清朝野史大观》（三），第7卷，第76-80页。

道，很有经验，因此左宗棠上奏让他负责河工。

上奏被批准，王德榜、王诗正率部前往修堤坝和桥堤。左宗棠也奏请出京，亲视河工。他于五月十二日（6月8日）到涿州，沿河视察，二十三日（6月19日）到达天津，同直隶总督李鸿章共同商量治河工程，决定由王德榜负责上游、王诗正负责下游。而后他自天津出发，乘船溯流而上，先后视察涿州、永济桥工地。六月初八（7月3日）取道石景山返京。

至左公出京赴江督任前，永定河下游工程已竣，上游工程也即将完工，王德榜等仍留下继续主持工程末尾工作。

除永定河工之外，左宗棠还奏请严禁鸦片，以增加鸦片入口税阻止洋人输入鸦片，得到允准，别的则无实事可言。朝中生涯就是这样，除非大事发生，大臣可以献计献策，平日不过赋闲而已。

左宗棠是闲不住的人，因此他在朝中很痛苦，也很尴尬。

二十五 / 总督两江：躬亲农田水利

前文已述，直隶和两江两个总督是清廷总督中最重要的两位。前不久，两江总督沈葆桢病死，清廷派彭玉麟上任，但他坚持不就。该督职位绝不可空，于是派左宗棠就任。

左公于光绪七年十月十三日离京，请假两个月回湖南老家省亲。十一月二十五日回到他阔别二十一年的家乡，在家乡半个月，祭扫祖墓、接待亲友，重温柳庄、梓木洞旧梦。而后启程赴任，于光绪七年年末抵南京。

两江总督职位重要，但左宗棠在任仅有两年多的短暂时日。承平年月亦无大事，但他在兴修水利方面仍做出了一些成绩。

左宗棠一生能做大事，但也爱说大言。

回到家乡时，衣锦荣归，观者塞途，他非常高兴。一日，在婿家宴饮，他对女婿陶桄说："两江名总督，湖南得三人。一为汝家文毅公，一为曾文正公，其一则我也。然渠二人皆不及我，文毅时未大拜（即未拜相），文正虽大拜而未生还家乡，唯我兼而有之。我亦有事不及二人，则无长须耳！"此话让在座的子孙们笑得前仰后合。

左公尤健谈他的西征功绩，只要提起，别人无从插言。到了南京，地方官见了他总得提提西征之事，然而接下来便是听他滔滔不绝，不过铺陈西征功绩而已[①]。

---

① 《清人逸事》，第7卷，第78—79页。

这些虽出自野史，亦恐距事实不远。

到任江督，即乘"满江红"号轮船出金陵视察。上海《申报》对左宗棠的一次巡视江南逐日逐事登载，言：其坐绿呢大轿出巡，前竖二清道牌子，上书"清道飞虎""肃静回避"，后面紧接着摆出各种官牌，计有：钦差大臣、二等恪靖侯、太子太保、东阁大学士、两江总督部堂等。轿子最前由一大将骑马领队，后面八名头品顶戴、二名二品顶戴的武将骑马前导，再后依次是几位蓝顶、晶顶、花翎官员扶轿。簇拥轿前者恪靖亲兵二十四名，各持刀叉、洋枪。轿后是马、步、炮大队人马护持。左宗棠则端坐轿中，身穿黄马褂，手持芭蕉扇，瞻视威严，精神矍铄。沿途观者密如栉比，"黄童白叟，焚香列案，争献酒果"，"咸以获睹伟人为荣"。经过上海租界时，租界当局换升龙旗，外国兵执鞭清道，炮声十三响……①好不气派。

但是，在任两江总督期间，他的身体状况已经很差。

早在京师时他已头晕耳聋，两足浮肿，胸膈下积成团，渐形坚硬。到江南后，病情加重，思维已乱，过事即忘。州县官员来见，往往各说各的，很难交流。实际上《清人逸事》中记载的下属见他多少次要求批示做某件事，结果只是听他大讲西征功绩，就是在这种情况下发生的，他根本听不见来人说的是什么，因此出现了聋子与人说话，各说各的那种尴尬局面。比如我们同一个聋老人说话，往往只能听老人自己讲他爱讲的事情，又往往是他一生或一时最光辉的历史。

史书上记述左宗棠从西征战场上回来，总爱吹嘘他西征的功绩，问题就是如此。

两江总督左宗棠年过七十，他像一部机器，一部长年激烈运动，快速运动，没有润滑剂，甚至无规则地运动、颠簸、碰撞的机器，已经失去了再工作的能力。他的主要工作器官，大脑、耳朵、眼睛和内脏都出现了严重问题，他已知道自己再无多少时日存活于世。

---

① 《左文襄公年谱》，第394–395页。

但是，他倔强的性格、他的豪情和他克服巨大困难的毅力，他辉煌的历史，都让他不得不继续努力。

所以，尽管已如一架即将零散、破碎的老机器，却仍要工作，尽其所能地工作。

左公到任两江总督的前一年，江淮发生了巨大水患，灾情严重。道光八年正月二十六日至二月初五（3月15日至3月23日），他即出省城到瓜州、扬州、靖江、高邮等处查看南运河、淮河，提出"引淮归海"的治水方案。此时，他在几个奏折中声称："两江时务之要，无过海防、盐务两端，而水利尤为攸关，三吴之富强贫寡悉视乎此则，亦言海防者必及也"[①]；"此次莅任江南，惭无报称，唯农田水利一事躬亲相度"[②]。

他仍采取西北修渠的办法，调集湘淮军三十个营，前来两江实施治理河道工程。

所谓"引淮归海"工程，是清康熙皇帝躬亲治理的一项大工程，也是当年著名河臣靳辅为之鞠躬尽瘁的大事业。康熙之所以被称为明君，同他的治水有极大关系。他同时也是位治水专家，历史上无一个皇帝做得像他那样。康熙六下江南都是去治水；乾隆六下江南却是去挥霍民财。

原来黄河经一千多次改道，其下游经河南、苏北，东出徐州，由泗水夺淮河经云梯关入黄海（今天是在山东北部入海），入海的一段成了最易出事的地段。黄河在这里与大运河、淮河交汇，黄河之水直接冲入淮河、洪泽湖，淮、湖难以支持，黄水冲堤而出，造成下游淮、扬二府七州县连年大水。

左宗棠看到的江南水患，病根就在这里。康熙之前，只要黄河泛滥，江南七州县一定泡在黄水里，灾情严重，绝不是左宗棠所看到的那么轻松。

康熙在击败鳌拜，稳定朝纲后，立即把治河、平三藩、漕运作为治国

---

① 《左文襄公全集·书牍》，第26卷，第9页。
② 《左文襄公全集·奏稿》，《病势增剧恳恩开缺回籍折》。

"三事"写在寝宫的大柱上，定为"必治之大政"，其中治河和漕运都与治水有关。他要治的水便是左宗棠要治的淮、扬地区的"下河"水患；而且只有先治好黄、淮、运河，才能谈到漕运等其他之事。

康熙、靳辅的治水不在本书讨论范围。总之，经过康熙、靳辅的艰苦治理，已完成了黄淮下游的配套工程①。

道光朝后，国势衰微、内忧外患，使这里的治水工程经年失修，再度出现水患。但是，比起康熙以前轻多了。

左宗棠在江督任上时间极为短暂，身体又差，他能在这短暂的时间里去治水，实属不易。

综观左宗棠两江任内的治水工程，是其调动军队修筑朱家山河、赤山湖、通济门和金川门、带子洲与江宁镇四大工程。据《南京史志》1991年第六期《左宗棠在南京的治水活动》所载，这几项工程的较细情况是：

朱家山河工程，是在长江北岸浦口地区为滁河开挖一条通向长江的水渠，全长约十八公里。这是一项分洪疏水工程。

滁河发源于安徽肥东地区，自西向东在全椒县境折向北流，在江宁府之六合转而向南流入长江，东入大海。沿途不少支流汇集，特别是来安河、清流河的汇集，在暴雨之后，滁河水位陡涨，因河道曲折狭窄，难以支持。加之下游长江水涨顶激倒灌，就会发生滁河越堤或决堤严重灾情。

左宗棠在视察之后发现了滁河的情况，乃决定治理。他在滁河中游挖一条分洪水道，在河水泛滥时把滁河水分至新开之河，减少滁河水量，灾害自然减少。

这项工程以前有人提出，只因工程缺款，主要还是政府及地方官不关心人民疾苦的原因，议而未决，使灾害连年发生。

左宗棠报拨十七万余两白银，调王德榜这位修河专家主持。用治理西北水利和永定河的经验，调军队十一个营，外募民夫发给工钱帮同修筑。

---

① 参见拙著：《末世英华》，"清代著名河臣靳辅"一章。

光绪九年正月，左宗棠视察各项工程时到了朱家山河工地。看到这里的工程的确艰巨，沿河多经山崖，都要以火药轰爆。有的崖高数丈，爆破也很困难。好在王德榜有西北爆破修渠的经验，终于在同年完成朱家山河的工程。

赤山湖水利工程，是秦淮河东源的一段疏浚工程，长二十里有余，用银二万八千余两。赤山湖是三国时开掘的人工湖，位于秦淮河东源句容河的上游。当年所以掘此湖，乃因孙吴奠都于此，时称建业城。秦淮河东源出自九华山和大小茅山，至夏日雨季"九河来水"，秦淮河白浪滔滔直冲都城。赤乌年间（公元238～251年）开掘赤山湖，用以拦截和蓄容上游之水，平日里用湖水灌溉，号称万顷。

后因日久失于修疏，湖底淤泥让容积变小，雨季来临无法蓄容上游之水，下游则洪水破堤，造成水灾。

光绪八年十月开始，左宗棠在治理其他河患的同时，调拨南京驻防军五千人，用时一年多，挖除湖水淤积，并疏浚赤山湖道士坝至陈家边河道，沿河栽桑护堤，美化环境。

带子洲和江宁镇水利工程是长江南京一段水道工程，左宗棠以七万六千余两的资金，动土方十五万余，浚通河道，修筑桥梁、闸坝和圩堤。

通济门和金川门工程，亦为水道河闸工程，左宗棠调拨八万余两资金，调防军两个营，与其他工程同时运作，次第完工。

上述工程皆是省城水利工程。同时，还修浚了运河、淮河，这些工程是左宗棠与各府、州、县地方官"遍考水务利弊"，布置地方官督修完成的。

由于下游工程次第修浚，河南、安徽上游水涨，下游却依赖水利工程而未受水灾。只是由于左宗棠在江督任时较短，其"引淮入河"的设想没能实现。

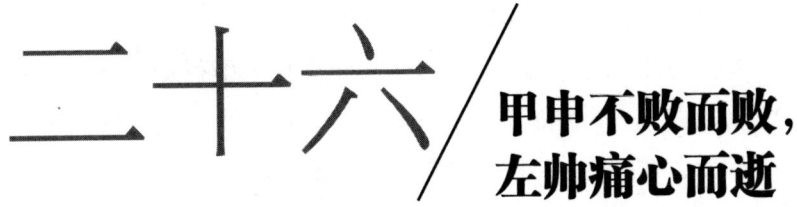
二十六 甲申不败而败，左帅痛心而逝

说左宗棠是位民族英雄，名副其实。

他一生最光辉的业绩，是北拒沙俄、南抗法国。最终逝于抗法战争之中，为祖国的御侮战争，鞠躬尽瘁。

中法战争是中国近代史的十大事件之一，学历史者无人不知晓。

越南同朝鲜一样，当时是中国的藩属国。它们与中国保持着密切的宗藩关系。它们是中国的外邻屏蔽，同时也受到中国的保护，实则唇齿相依。19世纪中叶以后，清廷遭到西方列强侵凌，朝鲜与越南分别受到日本和法国的侵略。

道光末年，法国不断向越南派出"探险队"和传教士，做好了侵略准备。咸丰八年，法国利用英国侵华之机，同英国组成联军，攻打津京。而法国则单独武力占领了越南南部的昆仑岛、西贡以及下交趾三省。

同治十二年（1873年），法军向北方河内地区推进，被越军和刘永福的黑旗军联合打败，法国侵略军头目安邺也被打死。第二年，侵略者威迫越南王与之签订《构和同盟条约》，宣布越南为独立国，否定了与中国的宗藩关系。中国表示不能同意，一再申述。

中国派驻法国公使曾纪泽一再向法国外交部质问，法国一直闪烁其词。但是，曾纪泽则正式向其发布照会，否认法越条约的正当性，奉劝法国不要在越南继续北进，否则将与中国军队发生冲突①。

然而，法国出尔反尔，以外交讹诈掩盖其军事行动，又于光绪八年（1882年）攻占北圻，占领了北部重镇河内。中国则令云贵总督岑毓英以军火接济黑旗军，并向法国声明自己的严正立场。

中法关系的紧张，造成清廷对法方针的分歧，出现了战和两派。两派的代表人物是左宗棠和李鸿章。

光绪九年（1883年），法国向越南增兵，慈禧命令李鸿章任两广总督，督办越南军务；命令左宗棠督办江南防务，应付法国的陆海侵略。李鸿章反对抗击法国，坚辞不就两广总督，并说："赴广东督师之命，乃鸿章在北京之敌人，借以毁灭鸿章者。"②又说："若以鄙人素尚知兵，则白头戍边，未免以珠弹雀。枢府调度如此轻率，殊为寒心。"③

慈禧只好让李鸿章仍任直督，仍让张树声留两广总督任。

枢臣醇亲王奕谭主战。他慌忙去军机处找奕䜣等军机大臣，商量如何对付法国，"其言甚壮"，但军机处竟无一人同意抵抗，"并从而疵议之"④。

主持军机处的恭亲王态度也极为消极，他既不言战，也不言和，尽量不说话，以减轻个人责任。

左宗棠对法国的侵略极为敏感。在中法关系紧张时，即与张树声、卫荣光、何璟及巡阅长江水师彭玉麟商量加强海防，并奏请彭玉麟以五只军舰、十只小兵轮加强两江、兼顾南洋防务，为之筹款二百余万两，在淮盐加引中筹措⑤。

接着又奏请将广东水师提督吴长庆留为南洋水师，把江防和海防视为一

---

① 马士：《中华帝国对外关系史》，第2卷，第381页。
② 《李鸿章年（日）谱》，第4905页。
③ 《李文忠公全集·朋僚函稿》，第20卷，第43页。
④ 《翁文恭公日记》，第22册，第87页。
⑤ 《左文襄公全集·奏稿》，第8卷，第134页。

体，以布置海口为重点，防备法人的舰队入侵海口和长江①。

他曾多次写信给李鸿章、岑毓英，鼓励他们抗击法国侵略者，赞扬刘永福在越南的抗战。

光绪九年年七月十三日（1883年8月15日）左宗棠上奏清廷，有语曰："法人得陇望蜀，滇、黔、广西边患愈迫，中国旰食方勤，未敢置之不理。臣任重南洋，兼营七省海口，尤属义无可辞。"②他派王德榜赴湖南募兵，备前线调用，自己也准备随时开赴滇、桂、粤督师。他在给杨昌濬的信中说："法越交兵，朝廷束手无策，不得已，为赴滇、粤边界之请，先令王朗青（即王德榜）挑募广勇赴边察看军情地势，弟率各营继进，一往图之，为西南数十百年之计，以尽南洋大臣之职，襄朽余生得以孤注了结，亦所愿也。"③

在当时清廷当国之臣一意主和或一无主张之时，像左宗棠这样大声疾呼抗法者确属少数，其呼声代表了爱国大众，他以老病之身，不惜把"襄朽余生"，孤注于抗敌疆场，实在难能可贵。

王德榜接到老统帅的将令，去湖南永州招募十营兵勇，打着"左恪靖侯"的旗帜，称"恪靖定边军"，向桂越边境进发，于光绪十年正月抵达广西南宁。

同年十月，左宗棠巡视长江防务，在崇明陡遇暴风，风疾病复发，左目亦忽为云翳障蔽，渐致失明，乃上奏开缺，回籍养疴。后又经多次奏请，清廷批准请假四个月，令曾国荃署理两江总督。

但是，左宗棠目睹法国步步北侵，边事急迫，又自请销假。清廷谕令入京陛见。

其间，清廷中央和中法战势，都发生了重大变化。

慈禧在朝野舆论压力下，曾一度主战。她命令广西巡抚徐延旭率军出镇

---

① 《左文襄公全集·奏稿》，第8卷，第186页。
② 《左宗棠全集》，第15册，第1043—1044页。
③ 《左文襄公全集·书牍》，第26卷，第46页。

南关，协助黑旗军作战；同意左宗棠的意见，派王德榜率军出关抗法；决定由广西藩库拨银十万两，公开支持刘永福黑旗军；向英国汇丰银行借款一千四百万法郎作为军费；向德美购买万支快枪和一百二十门钢炮。前线的中国军队增至三万余。

但是，前方的战事发生突变。自去年（1883年底）法军向北圻进攻，驻守山西的云南巡抚唐炯却不在军营，回到云南。因此，法军向山西进攻，黑旗军孤立无援，山西失守。

1884年初，法军再攻北宁，广西巡抚徐延旭和滇军抵抗，但在法军海陆军联合打击下失败，北宁又失守。接着又丢失了重镇太原。

慈禧主战却造成失败的局面，她想召见军机大臣商量对策，但恭亲王奕䜣以身体欠佳为由躲在家里不出席，于是慈禧一怒之下把军机处奕䜣以下全班撤掉，史称"甲申易枢"。

此后，主持中枢者乃李鸿章一人而已。在他主持下，中国一意主和。在多方活动下，于光绪十年四月中法签订《天津简明条约》。条约规定清政府承认法国对越南的"保护权"；中国军队一律调回中越边界；中国对法越各条款不得过问；中国允许法国在中越边境通商等。

这时，左宗棠交卸两江总督任，正在北上入京陛见的途中。闻《天津简明条约》签订，立即向朝廷写了一份《时务说帖》，揭露法国侵略，力阻议和，要求亲往中法战场领兵作战。

五月二十日（6月13日），左公抵京师，清廷仍令其入值军机处，并管理神机营兵事。

《天津简明条约》的签订并未阻止法国的继续进攻。

光绪十年闰五月二十二日（7月14日），法国舰队利用《天津简明条约》规定的停战时间，又以"游历"为名，驶入福州马尾军港。因中法并未宣战，福州船政大臣对法舰"殷勤欢迎"[①]，而中国福州舰队对法国军舰

---

① 马士：《中华帝国对外关系史》，第2卷，第392页。

也不备战,七月三日(8月23日),法舰突然袭击,半小时之内,福州舰队十一艘军舰沉没九艘,其他亦皆负伤。官兵伤亡七百余,福州马尾造船厂也被炸毁。

七月初六(8月26日),是光绪皇帝的寿诞。左宗棠闻自己亲自主办的造船厂被毁,制造的军舰在未战的情况下或沉或伤,心中异常气愤,竟未往参加拜寿。因此被参劾,并交部议处,由于奕谭的"申诉"而未受处分①。

就在光绪寿诞、左公遭参的同一天,清廷被迫向法国宣战。

左宗棠满腔义愤,不想在京闲坐,向清廷请缨,再赴前敌。清廷于七月十八日(9月7日)命之为钦差大臣,督办福建军务。

七月二十六日(9月15日),左宗棠陛辞,醇亲王在中右门为之设酒壮行。当天下午,即出京至通州下船,径往福建前线进发。

对左公的壮志,《申报》评论说:"左相以闽事吃紧,慷慨请行,所谓一息尚存,此志不容少懈,方之左名臣,曾多不让!"②

后世有人挽之曰:

绝口不谈和议事,千秋独有左文襄。③

十月二十七日(12月14日)左宗棠抵福州,连日与将军、督抚商量抗敌计划,并加强福建各海岸的布防。

此时,法国舰队侵犯台湾。马尾海战后,中国制海权全失,台湾被封锁。

左宗棠派王诗正领恪靖军扮作渔民,趁黑夜渡往台湾。他还奏请亲赴台湾指挥作战,因其多病而被清廷劝止。

---

① 《左宗棠全集》,第15册,第1046页。
② 《申报》,1884年10月19日。
③ 《左文襄公在西北》,第145页。

法军虽企图借机占领台湾，但有左宗棠的坐镇福州和刘铭传的台湾抗战，法人的企图未能得逞。

法军又在陆路分东西两线进攻越南之北圻，并且推进至中越边境。

淮军将领潘鼎新执行李鸿章消极防御政策，使法军占领了谅山、文渊，闯入镇南关，部分法军进入中国境内六公里的幕府附近。

此时，两广总督张之洞和钦差办理广东防务的彭玉麟，起用退役广西提督冯子材。冯率诸军在镇南关前筑长墙、掘壕沟，以待法军到来。

光绪十一年二月七日（1885年3月23日），法军两千余扑向关前。冯子材在正面阻击，王德榜率军抄法军后路。法军腹背受敌，伤亡惨重。第二天，各路军冲出镇南关，攻克文渊，又分路进攻，夺回谅山。

在中国军队节节胜利的情形下，冯子材决定集中诸军，直入越南，攻取河内。

这次胜利，史称"镇南关大捷"，是中国近代史上，清军抗击外敌入侵极少有的一次胜利。

这次军事胜利，是各路大军联合作战的结果。尤其以冯子材的前路进攻、王德榜的后路包抄功劳最大。

中国军队的胜利，扭转了中法战局，直接导致法国茹费理内阁倒台。

然而，中国军队的胜利却给了李鸿章进一步求和的机会，他声言："当借谅山一胜之威，与谛和约，则法人必不再妄求。"①

清廷听取了李鸿章的意见，于光绪十一年二月十九日（1885年4月4日）下达了停战撤军的命令。投降派的停战议和主张断送了中法战争前方战士的胜利成果，受到抗战将帅张之洞、冯子材等人的坚决抵制，左宗棠也是反对有力者之一。

领导广州前线抗敌的统帅两广总督张之洞先后二十多次电奏，反对停战、议和和撤兵，因此受到清政府的严厉斥责，让他立即命令清军撤回

---

① 罗惇曧：《中法兵事始末》，《中法战争》（一），第248页。

驻地。

王德榜则于三月一日（4月15日）致电两广总督张之洞，抗议停战命令说："去岁上谕'议和者诛'。请上折诛议和之人，士气可奋，法可除，越可复，后患可免。"①

张之洞接到王德榜的电报，立即去电质问李鸿章："奉电传上谕'法人无理，已饬决战，嗣后如有以和议进者定即军法从事！'此次议和者为谁？"②

王德榜、张之洞等人的质问，抠到了李鸿章的病根。李鸿章不敢承认是自己提出议和，只好把责任全推到赫德头上，回电说："查进和议者'二赤'，我不过随同画诺而已。"③李鸿章虽知在前线打了胜仗后又与法国议和不光彩，但又怕将士反对，议和不成，又给张之洞致电说："冯（指冯子材）王（王德榜）若不乘胜即收，不唯全局败坏，且恐孤军深入，战事亦无把握……着遵者函电各营，如期停战撤兵，倘有违误，致生他变，唯该督是问！"④

其实，李鸿章等人最担心的还是左宗棠，认为他才是议和的最大障碍。

当谅山大捷的消息传到福州，左宗棠听到后十分兴奋，前线将士都欢欣鼓舞。但是，还没等大家欢喜多久，马上传来停战、撤军的诏书，左宗棠听后甚为吃惊。但立即想到，这是李鸿章等一贯的主张，伊犁谈判就是如此，俄国占据伊犁，西征军完全有能力对付俄国，李鸿章恫吓慈禧，把他从前线调入京师，如今同样是此人的求和思想影响了慈禧。

他明知皇帝明谕发布，法国定已知晓，李鸿章怕是已开始与法国议和了，这是他无力回天的事情。但他仍密电朝廷，认为法国人出尔反尔，去年已订《简明条约》，而法人却发动马尾海战，又反诬我先毁约。今我军战

---

① 《张文襄公全集·电牍二》，第123卷，第34页。
② 胡传剑：《盾墨留芬》，第8卷，第27页。
③ 胡传剑：《盾墨留芬》，第8卷，第27页。
④ 《李文忠公全集·电稿》，第5卷，第29页。

胜，反而求和，更会让外人轻我。因此，"要盟宜慎，防兵难撤……宜防尔诈我虞，驭夷之方，贵在有备无患"①。要求朝廷在谈判中一定要索还新失去的基隆和澎湖，不然真让前线将士彻底寒心了！

后来，张之洞又多次致电，要求左宗棠为国家主持正义公道，电文悲痛而无奈。但是，此时的左宗棠身在事外，也已无力回天。

光绪十一年四月二十七日（1885年6月9日），李鸿章与法国公使巴德诺在天津签立《中法会订越南条约》。这个屈辱条约使中国不败而败，法国不胜而胜，成为世界外交史上的一大奇闻，也是清廷的一大丑闻。国人闻条约之屈辱内容，无不义愤，无不痛骂李鸿章，引起言官"交章痛诋"，如贵州道监察御史刘恩溥奏称："李鸿章二十余年办理海防，糜费数千万，曾杀过鬼子一名否？一味献媚洋人，以为固宠地步。……是天良丧尽，毫无人心，已可概见。"②

脾气倔强的左宗棠闻见条款，满腔义愤无由申诉，一怒之下病情恶化，"徒患痰涌气喘诸症，手足瘛疭，神志昏迷"。但是，第二天稍微清醒，即向清廷上奏《请专设海防全政大臣折》。该折总结了中法战争各省督抚各自为政的教训，为筹划海防全局，提出设海防全政大臣，统一事权及加强海防建设的七条意见③，是为左公临终前设计的一个较为全面的海军和海防建设规划。李鸿章办理海防多年，只顾为自己揽权，加强北洋山头势力，安插私人，排除异己，并无如左宗棠临终前之海防计划出。

同日，又上奏《台湾紧要请移福建巡抚镇摄折》④。此折建议福建巡抚进驻台湾，或者台湾独成一省，政府派驻大员为台湾巡抚。台湾为七省门户，孤悬海外，关系东南数省大局，应从根本筹划。

中法战争后，清政府根据左宗棠等人的建议在台湾建行省，由战争期间

---

① 《左文襄公全集·奏稿》，第64卷，第22页。
② 《光绪朝中法交涉史料》，第6卷，第22页。
③ 《左文襄公全集·奏稿》，第8卷，第591、596页。
④ 《左文襄公全集·奏稿》，第8卷，第591、596页。

奉命督办台湾军务的刘铭传为台湾第一任巡抚。

七月初四（8月13日），朝廷谕令准其交御差使，不必拘定假期，回籍安心调理，如有所见，仍随时奏闻，用备采择，一俟病体稍痊，即行来京供职。

然而，左宗棠从此病势加重，无法就道，他躺在病榻，时而昏迷，时而清醒，经常高呼："娃儿们，出队！""总以此行未能破敌，大加惩创，引以为恨事。"①

七月二十六日（9月4日），将钦差大臣关防交杨昌濬派员送京。

七月二十七日（9月5日），左宗棠逝于福州。临终前口授遗书："此次越南和战，实中国强弱一大关键，臣督师南下，迄未大伸挞伐，张我国威，遗憾平生，不能瞑目！"②

当日，倾盆大雨，台风大作，城之东北角墙崩裂。全城百姓一闻噩耗，皆扼腕深嗟，言朝廷失一良将，闽省失一长城，"江南江北居民，奔走痛悼，如失所亲"③。

朝廷闻讯，发布上谕，追赠太傅，照大学士例赐恤，恩谥"文襄"。入祀京师昭忠祠、贤良祠，并于湖南原籍及立功省份建立专祠。其平生政绩事实，宣付史馆。

左公灵柩由福州起运回湘，九月二十五日（11月1日）抵长沙。十一月十五日（12月10日）葬于善化（今长沙县）八都杨梅河柏竹塘，即今长沙跳马区石门乡柏竹村。墓碑上刻："皇清太傅大学士恪靖侯左文襄公墓"。

自1958年至"文革"期间，墓园被毁殆尽。遗体亦被挖出抛弃，守墓人黄姓拾而草草挖坑掩埋。

1983年，左公之曾孙左景伊（北京化工学院教授，六届全国政协委员会委员）写信函告王震，王震议为修复。长沙市政府拨款，于1985年重修左公

---

① 《左文襄公全集》，卷首，福州将军、闽浙总督、两江总督奏折。
② 《左宗棠全集》，第15册，第1049页。
③ 《左文襄公全集》，卷首，福州将军、闽浙总督、两江总督奏折。

墓。同年11月举行了修复落成及逝世一百周年纪念仪式。

如今的墓碑刻字为"清太傅大学士恪靖侯左文襄公之墓",去掉前一"皇"字,加后一"之"字①。

每逢清明,人们为之祭扫,观左公墓园,松柏苍苍,皆缅怀这位伟大的爱国者。愿其爱国精神,与日同辉,与地同存。

---

① 墓园情况详见左焕奎:《左宗棠略传》,第二十九。